名将 乃木希典《のぎまれすけ》と帝国陸軍の陥穽《かんせい》

鈴木荘一
Suzuki Soichi

さくら舎

はじめに

司馬遼太郎《しばりょうたろう》こと福田定一《ふくだていいち》氏（大正十二《一九二三》年〜平成八《一九九六》年）は満州に駐屯していた戦車第一連隊に所属していたので、日本戦車がノモンハン事件（昭和十四年《一九三九》五月〜九月の、日本軍とソ連軍の国境紛争）のときソ連戦車にめちゃくちゃに蹂躙《じゅうりん》されたことが精神的トラウマとなり、敗戦を迎えた二十二歳のとき、

「こういうおろかな戦争をする日本とはいったい何なのだろう？　いつから日本人はこんな馬鹿になったのか？　昔は違っただろう。昔の日本人とくに明治期までの日本人はもっとましだったにちがいない」

という感想をもち、小説家として出発したのだろう。私はこの思いにおおむね共感している。その意味で司馬遼太郎が一番書きたかったのはノモンハンだった。司馬遼太郎は、昭和四十五《一九七〇》年頃、「ノモンハンを書きたい」と考え、ノモンハンの生き残りで第二十六連隊長だった須見新一郎《すみしんいちろう》に面会し取材したが、ノモンハンを書くことなく平成

八年に死去した。

司馬遼太郎はノモンハンについて、

「日本人は日露戦争における第三軍司令官の乃木希典《のぎまれすけ》および乃木軍参謀長の伊地知幸介《いじちこうすけ》による旅順戦の愚劣を直視せず、乃木を軍神として美化し、乃木・伊地知の無能・無責任を悪しき教訓としなかった。それがノモンハンや昭和陸軍の暗黒と破滅をもたらした。間違いの始まりは乃木・伊地知なのだ」

と確信したからこそ、ノモンハンの前段として『坂の上の雲』を書いて、乃木・伊地知に煮えたぎる憎悪をぶつけて馬鹿の骨頂のようにこきおろし、満州軍総司令部総参謀長・児玉源太郎《こだまげんたろう》を神のごとくに美化したのだろう。

それなのに司馬遼太郎はノモンハンを書けなかった。その最大の理由は司馬自身が、

「ノモンハンや昭和の破滅をもたらした出発点は乃木・伊地知である」

とした設定が大間違いだったことに気がついてしまったから、なのではあるまいか。

であるとすれば乃木・伊地知は、とんでもないトバッチリをうけたことになる。

『坂の上の雲』は、伊予松山出身の三人の若者、秋山好古《あきやまよしふる》・秋山真之《あきやまさねゆき》・正岡子規《まさおかしき》を主人公とし、明治維新から日露戦争終結までを描いた青春群像小説である。

司馬遼太郎が『坂の上の雲』で設定した日露戦争の陸軍のヒーローは児玉源太郎であり、

また「私が育てた児玉がいる限り日本はロシアに勝つだろう」と児玉をほめそやしたドイツの教官メッケル少佐である。そして、日露戦争に勝てたのはメッケル軍学の最も忠実な継承者である児玉や、その児玉が普賢菩薩《ふげんぼさつ》（あまねく賢いとされる）と呼んだ井口省吾《いぐちしょうご》ら参謀が名将だったからとしている。

さらに、日露戦争に勝ったのに太平洋戦争で敗れた原因について、司馬遼太郎は、

「日露戦争を勝利に導いたメッケルの教えを、昭和陸軍が忘れさったこと」

としている。しかし私は、

「乃木希典・伊地知幸介こそ名将である。優《すぐ》れた軍政家だった児玉源太郎の軍事能力は平凡で、メッケルの指導を鵜呑みにしただけの井口省吾は愚将である」

と考えている。さらに、

「太平洋戦争の敗戦は、メッケル一門の服部卓四郎《はっとりたくしろう》・辻政信《つじまさのぶ》・瀬島龍三《せじまりゅうぞう》ら昭和陸軍参謀三人組が、陸軍大学で連綿と伝えられた時代遅れのメッケル軍学を実践したため」

と考えている。ここにおいて私は、司馬遼太郎と真正面から対立しているのだ。

このように私が司馬遼太郎と真っ向から対立するにいたったのは、日露戦争の実相を知るため、すべての戦闘局面で誰がどういう指示を出し、誰がどう戦ったかを検証した結果である。

日露戦争は、膨張する帝政ロシアが南下して満州を占領し、さらに韓国に対し朝鮮半島の南端で日本海への出入り口である馬山港《まさんこう》の租借を要求したことが遠因となった。ロシア陸軍が満州を占領し、ロシア海軍が馬山港へ進出することは日本にとって大いなる脅威だったから、日露間の軍事的緊張が高まり、明治三十七（一九〇四）年二月に戦端が開かれた。日本陸軍は鴨緑江《おうりょくこう》を渡河《とか》（鴨緑江渡河作戦）して朝鮮半島から満州へ入り、遼東《りょうとう》半島を制圧したうえ、ロシア海軍の拠点である旅順《りょじゅん》軍港を三回の総攻撃のすえ攻略（旅順攻防戦）した。また北進した日本陸軍は遼陽《りょうよう》でロシア軍を撃破（遼陽会戦）し、ロシア軍のたびたびの反撃を撃退（沙河《さか》会戦など）して、最後の大激戦となった奉天《ほうてん》会戦で明治三十八（一九〇五）年三月十日にロシア軍を総退却へ追い込んだ。これを記念し三月十日が陸軍記念日となった。

日本陸軍のアキレス腱は、日本本土から朝鮮半島を経て満州へ人員・物資を海上輸送する安全面だった。だからロシアは、日本海の海上交通を遮断して満州の日本陸軍を干上がらせたのち、ロシア陸軍が逆襲に転じることを目論み、バルチック艦隊が明治三十七年十月にバルト海のリバウ軍港を出て日本海を目指した。そして明治三十八年五月二十七日にバルチック艦隊と日本海軍の連合艦隊が激突した。この日本海海戦は日本海軍が勝ち、これを記念して五月二十七日が海軍記念日となった。

こうして日露戦争は日本陸海軍の勝利ののち、アメリカの仲介によりポーツマス条約が結ばれ、講和が成立する。

そもそも私が日露戦争を知ったのは幼稚園児の頃である。ある春の日、親戚一同が集まったとき、いとこなど男児全員が祖父の八畳間に集められ、床《とこ》の間を背にした祖父から日露戦争の話を聞かされた。私の記憶にあるのは、庭に咲く花々を照らす陽光と、祖父の、

「ヒガシケイカンザン」

という言葉だけである。祖父は日露開戦のとき満十八歳（学生）だったのだ。

日露戦争に関する創作物としては、敗戦十二年後の昭和三十二（一九五七）年に新東宝が『明治天皇と日露大戦争』（嵐寛寿郎《あらしかんじゅうろう》が明治天皇を演じた）を公開した。私が小学生のときだ。これも創作物だから細部には史実と異なる面があるが、比較的史実に近いと言える。『明治天皇と日露大戦争』が比較的史実に近いのは、昭和三十二年は私の祖父（満七十一歳）のように日露戦争を熟知する人々が数多く健在だったからだろう。

この十一年後の昭和四十三（一九六八）年から司馬遼太郎の『坂の上の雲』が産経新聞に連載された。

元亀《げんき》・天正《てんしょう》の戦国の世を勝ち上がった徳川家では戦闘のとき、戦目付《いくさめつけ》という者が馬で戦場を駆け回り、敵将を正々堂々討《う》ってとった首を殊勲《しゅくん》首と評価し、敵将Aを槍で刺して重

傷を負わせた味方Bが敵将Aに斬り殺され、通りかかった味方Cが重傷で身動きできない敵将Aの首を取った場合、拾《ひろ》い首とされて、恩賞は味方Bの児孫に与えられた、という。戦目付の判定に誤りがあり論功行賞が不適切であるなら、将士の間に不満を生じ軍団に綻《ほころ》びを生じる。

私は、この戦目付に憧《あこが》れている。

だから、『坂の上の雲』に不満を抱いた私は、日露戦争の実相を研究して『日露戦争と日本人』（かんき出版）を書いた。これは日露戦争の時間的経過と算術的数量だけが書かれた参謀本部編纂『明治卅《さんじゅう》七八年日露戦史』全十巻をコンパクト（？）に三百八十二ページでまとめたものである。無味乾燥な資料集にすぎない、というならそうもいえる。

司馬遼太郎はこの『明治卅七八年日露戦史』について、左記のとおり述べている。

「参謀本部編纂の『明治卅七八年日露戦史』全十巻（大正二年刊）というぼう大な官修戦史がいかに価値うすいものであるかについては第四部のあとがきですこし触れた。極端に言えば時間的経過と算術的数量だけが書かれているだけで、なぜそこにその兵力を出したか、出したことが良かったか悪かったか、悪かったとすれば誰がどういう思考基礎と意図もしくは心理でもってやったか、その悪しき影響はどこへどうひびいたかという価値論についてはは毛ほども書かれていないのである。価値論のない歴史などは単なる活字の羅列にすぎず、この明治末年から大正初年にかけて刊行されたあらゆる書物の中で最大の活字量をもつ官修史書をいくら読んでも日露戦争というものの戦史的本質がすこしもわからないというふしぎな書物なのである。明治後日本で発行された最大の愚書であるかもしれない」(『坂の上の雲・あとがき六』)

拙書も参謀本部編纂『明治卅七八年日露戦史』も真っ白く炊きあがったほかほかのご飯のようなもので、塩辛をのせるか味付け海苔《のり》をのせるか生卵をのせて醤油をたらすか、「お好みでお召し上がりください」という、価値評価に踏みこまない遠慮がちな資料集である。

銀行員が見る決算書も、参謀本部編纂『明治卅七八年日露戦史』と同じように無味乾燥な数字が並んでいるだけである。しかしこの無味乾燥な数字を丹念《たんねん》に眺めていると、会社の強み・弱み・成長性・問題点などが浮き彫りになってくる。この決算書を「企業が発行する最大の愚書である」といったなら銀行員はつとまらない。

私が元亀・天正の戦目付になった気分で、『明治卅七八年日露戦史』をはじめとする資料を読み解き、日露戦争の論功行賞を行うと、

「日露戦争の戦功は、戊辰《ぼしん》戦争を初級指揮官として戦い頭角を現した第一軍司令官・黒木《くろき》為楨《ためもと》大将、第二軍司令官・奥保鞏《おくやすかた》大将、第四軍司令官・野津道貫《のづみちつら》大将、第八師団長・立見《たつみ》尚文《なおぶみ》中将らと、彼らの薫陶を受けた黒木第一軍参謀長・藤井茂太《ふじいしげた》少将、奥第二軍参謀長・

落合豊三郎《おちあいとよさぶろう》少将らにある。なかでも最大の戦功は、日露陸戦の最大ハイライトである旅順攻略を成し遂げ、さらに奉天会戦でロシア軍を撃退した乃木希典大将にある。満州軍参謀の最優秀者は松川敏胤《まつかわとしたね》大佐」

となる。

しかし本書は、紙数の都合上、以上の全般的判断のうち、乃木希典大将と伊地知幸介少将（乃木軍参謀長として旅順攻略を補佐）に絞って論じることとした。この結論をあらかじめ表示するなら、

「児玉源太郎は軍政能力に優れていたが、軍事能力は凡将にすぎない。児玉を支えた満州軍作戦主任参謀・松川敏胤大佐は名参謀で、手柄を児玉に譲った。乃木希典も伊地知幸介も名将である。極めつきの愚将は井口省吾である。日露終戦ののち愚将井口が乃木・伊地知を悪く吹聴《ふいちょう》し、司馬遼太郎が井口の悪口に乗って乃木・伊地知を悪く吹聴した」

というものである。

私は日露戦争における戦目付の面目《めんもく》にかけて、これを立証する。

令和三年三月

鈴木荘一

目次◉名将 乃木希典と帝国陸軍の陥穽

明治の帝国陸軍とドイツ軍学

第一章　日露戦争：旅順攻防戦

金州・南山の激戦

旅順をいつ攻めるか

旅順第一回総攻撃

旅順第二回総攻撃前哨戦

旅順第二回総攻撃

旅順第三回総攻撃

第二章　日露戦争：遼陽・沙河会戦

遼陽会戦

沙河会戦

第三章　日露戦争：奉天会戦

相次ぐ作戦変更

決着

補章　史実から目をそらした司馬史観

ノモンハン事件の実相

太平洋戦争に見る日本戦車の戦闘力

名将 乃木希典《のぎまれすけ》と帝国陸軍の陥穽《かんせい》

序章　日本陸軍の愚の系譜

昭和の敗戦の原点

司馬遼太郎の敗戦

二十二歳で敗戦を迎えた司馬遼太郎こと福田定一氏は、終戦の放送を聞き敗戦の日本の焦土を見て、

「終戦の放送をきいたあと、なんとおろかな国にうまれたことかとおもった。(むかしは、そうではなかったのではないか)と、おもったりした。(中略)江戸期や明治時代のことなども考えた。いくら考えても、昭和の軍人たちのように、国家そのものを賭《か》けものにして賭場《とば》にほうりこむようなことをやったひとびとがいたようにはおもえなかった。(中略)そのうち調べ物をして書くようになったのは、右にふれた疑問を自分自身で明かしたかったのである。いわば、二十二歳の自分への手紙を書き送るようにして書いた」(『この国のかたち一』「あとがき」)

と述べている。私を含めて多くの日本人が、この想いに共感するだろう。

つまり、福田定一氏が司馬遼太郎という小説家として出発した原点は、敗戦のショックであり、

「こういう馬鹿なことをする日本とはいったい何なのだろう？　いつから日本人はこんな馬鹿になったのか？　昔はちがっただろう。昔の日本人、とくに明治期までの日本人はもっとましだったにちがいない」

という二十二歳のときの感想であったのだろう。

私はこの思いにおおむね納得している。

が、しかしこのあとの多くの著作における司馬遼太郎の饒舌《じょうぜつ》には多くの虚構《きょこう》が埋め込まれており、なんともいえない不快感をもよおすのだ。

戦車の逸話はウソ？

有名な話だが、昭和二十（一九四五）年五月、司馬遼太郎こと福田定一氏が所属する戦車第一連隊は関東防衛のため満州から栃木県佐野へ移駐した。福田定一氏は小隊長・少尉だった。このとき大本営から派遣されてきた少佐参謀が、

「戦車隊は避難民を轢《ひ》っ殺してゆけと言った」

という話がある。

しかしこれはどうやら小説家司馬遼太郎がつくった真っ赤なウソであるようだ。
この話を「石鳥居の垢」から引用すると、左記のとおりである。

「敵が上陸してくる場合、北関東にいるわれわれは、それぞれ所定の道路をつかって南下する。その邀撃《ようげき》作戦などについて説明すべく、大本営から人がきたことがあった。（中略）東京や横浜には大人口が住んでいるのである。敵が上陸《あが》ってくれば当然その人たちが動く。物凄い人数が、大八車に家財道具を積んで北関東や西関東の山に逃げるべく道路を北上してくるにちがいなかった。（中略）戦車が南下する、大八車が北上してくる、そういう場合の交通整理はどうなっているのだろうかということであった。

その人は相当な戦術家であったであろう。しかし日露戦争の終了とともに成立した官僚国家が、その後半世紀ちかく経ち、軍人官僚をもふくめて官僚秩序というものが硬化しきったころに太平洋戦争があり、この人はその官僚秩序のなかから出てきている。戦術もその官僚秩序のなかで考えている人であり、（中略）素人くさい質問については考えもしていなかったらしく、しばらく私を睨みすえていたが、やがて昂然と、

『轢っ殺してゆけ』

と、いった。同じ国民をである。われわれの戦車はアメリカの戦車にとても勝てないが、おなじ日本人の大八車を相手にならば勝つことができる。しかしその大八車を守るために軍

隊があり、戦争もしているというはずのものが、戦争遂行という至上目的もしくは至高思想が前面に出てくると、むしろ日本人を殺すということが論理的に正しくなるのである」（『司馬遼太郎が考えたこと6』「石鳥居の垢」）

これは大阪万博二年後の昭和四十七（一九七二）年七月、昭和元禄といわれ皆が浮かれていた頃の作品である。こういう時代背景のなかでこういう話を聞いた多くの人々は「これは真実だろう」と信じてしまった。しかし私は、これは司馬遼太郎の作り話だと考えている。

なぜなら北上する避難民と南下する佐野戦車隊が遭遇すると予想される地点は、当時、水田と畑の混在地であるのだから、戦車隊が南下してきたら、避難民は道路脇の水田か畑へよけるだけのことだ。こういう場合の交通整理とは愚問中の愚問だからである。

しかし、この作り話にはなんともいえない迫真力がある。

ノモンハン事件以降の陸軍参謀の愚

司馬遼太郎こと福田定一氏は戦車第一連隊に所属していたので、昭和十四（一九三九）年五月〜九月のノモンハン事件のとき、満州の日本戦車隊がソ連戦車にめちゃくちゃに蹂躙されたことが、精神的トラウマになっていたようだ。

その意味で司馬遼太郎が一番書きたかったのはノモンハン事件だったらしい。
　このノモンハン事件と戦車の詳細については補章で解説する。
　ノモンハン事件のとき、関東軍の作戦主任参謀・服部卓

服部卓四郎

四郎中佐と作戦参謀・辻政信少佐は、拙劣な軍事指導により日本将兵をむざむざと死地に追いやったうえ惨敗した。しかるに服部卓四郎は昭和十五（一九四〇）年十月に参謀本部作戦課作戦班長となり昭和十六（一九四一）年七月に作戦課長に栄進。辻政信は昭和十七（一九四二）年三月に作戦課作戦班長となった。このように服部と辻は、二本並んだお神《み》酒《き》徳利《どっくり》とも刎頸《ふんけい》の友ともいうべき盟友である。
　太平洋戦争のとき、一口に大本営陸軍参謀部といっても、作戦立案の全権を握っていたのはまさにこのお神酒徳利、作戦課長の服部卓四郎大佐と作戦班長の辻政信中佐に、作戦班長総合補助の瀬島龍三少佐を加えた陸軍参謀三人組だった。司馬がいう、
「国家そのものを賭けものにして賭場にほうりこむようなことをやったひとびと」
とは、彼らのことなのだ。作戦課は、その他者の立ち入れないようすから「奥の院」や「鉄の密室」といわれた。

彼らはガダルカナル島の戦い（昭和十七年八月〜）を指導した。服部卓四郎は現地を視察して「補給に問題なし」と報告し、辻政信は現地に乗り込み、偵察も敵情視察も無視した滅茶苦茶な軍事指導で日本将兵五千余人を戦死に追いやり、約一万六千名を餓死させた。同じく、服部卓四郎が指導したインパール作戦（昭和十九（一九四四）年三月〜）も補給不足で惨敗となった。このとき大本営作戦参謀の杉田《すぎた》一次《いちじ》大佐が撤退を意見具申すると、作戦失敗を指摘されて激怒した瀬島龍三は、杉田大佐に鉛筆箱を投げつけ、

「この馬鹿野郎ッ！　なんちゅうことを言うんだッ！」

と罵声《ばせい》を張り上げた。ちなみに杉田大佐は陸軍大学校（通称陸大）の四十四期で、のちに自衛隊に入り第四代陸上幕僚長となる人物であり、陸軍士官学校（通称陸士）と陸大で、瀬島の七期先輩である。しかし「奥の院」の実力者である瀬島少佐は、杉田大佐をはるかに超える権力をもっており、兵隊の生命などどうでもよいのであって、作戦失敗を指摘されたことに激怒したのだ。このことは、瀬島と机を並べていて、これを目撃した作戦参謀の朝枝繁春《あさえだしげはる》中佐（陸大五十二期を三番で卒業。恩賜《おんし》の軍刀を拝受）が証言している。また情報参謀の堀栄三《ほりえいぞう》少佐（陸大五十六期。のちに自衛隊統幕第二室長）も、

「杉田さんはおとなしい人格者だったから、瀬島の暴言に言葉を返すようなことはしなかったが、恐らく腹の中は煮えくり返ったに違いない。杉田さんは『奥の院』の人じゃなか

った。それほど瀬島の方が権力を持っていたのだ。瀬島とはそういう人間なんだ」（三根生久大『帝国陸軍の本質』）

と、その場で目撃したことを証言している。

沖縄戦（昭和二十〈一九四五〉年四月〜）も、本土決戦を一〜二ヵ月遅らせるという大本営参謀連中の面子《メンツ》以外に何ら軍事的意義はなく、ただただ沖縄県民に戦災の犠牲を強《し》いただけだった。このように彼ら陸軍参謀が、国民を守るどころか殺人鬼のように自国民に無意味な死を強要した不条理・理不尽は、多くの日本国民が知っているであろう。

だから「少佐参謀が進軍の邪魔になる避難民は戦車で轢っ殺してゆけと言った」というのは司馬遼太郎の作り話であるとしても強い迫真力がある。そのモデルこそ、陸軍参謀三人組のなかでも最も乱暴なことで有名な辻政信少佐（階級はノモンハン事件当時）なのではあるまいか。

現地部隊に責任転嫁して昇進した辻政信

ノモンハンの戦いで、日本軍では多くの連隊長クラスの軍人が戦死した。生き残った部隊長のうち、第二十三師団第七十二連隊長の酒井美喜雄《さかいみきお》大佐は入院していたチチハル陸軍病院で自決。

第二十三師団の捜索隊長・井置栄一《いおきえいいち》中佐はフイ高地からの撤退を、長谷部支隊長・長谷部理叡《はせべりえい》大佐はノロ高地からの撤退を責められ、撃墜されて捕虜となり捕虜交換で戻った飛行第一戦隊戦隊長・原田文男《はらだふみお》少佐も、自決を強要された。

第七師団第二十六連隊長・須見新一郎大佐は指揮に失敗なく独断撤退したわけでもないのに、無謀な作戦を批判したため予備役《よびえき》に編入され、軍を追われた。

これらの処分は辻政信が、自分の失敗責任を前線の部隊長らに転嫁し、「死人に口なし」で「口封じ」を行ったものである。辻や服部がやがて大本営参謀へ栄転するには、こうした口封じによる責任転嫁が必要だったのだ。

辻政信について、作家村上兵衛《むらかみひょうえ》（陸士第五十七期、連隊旗手、中尉）は『中央公論』昭和三十一年五月号にて「地獄からの使者」と評している。また一橋大学名誉教授田中克彦《たなかかつひこ》氏は、辻政信について、左記のとおり述べている。

「この人は功名心と自己陶酔的な冒険心を満足させるため軍隊を利用した。戦争が終わって軍隊がなくなると、日本を利用し、日本を食いものにして生きてきた。私たちが裁かなければならないのは、このような人物である」（『ノモンハン戦争』）

辻政信

ソ連側証人として東京裁判に出廷した瀬島龍三

瀬島龍三

当時大東亜戦争ともよばれた太平洋戦争の戦争責任者は、戦後東京裁判にかけられたが、必ずしも全員ではなかった。日本人軍民三百十万人を無意味な死へ追いやり、日本人に多大な苦痛を与えた服部卓四郎・瀬島龍三ら肝心かなめの重大な戦争責任者は、たとえば瀬島龍三が東京裁判でソ連側証人として出廷するなど、アメリカ等戦勝国にとって有用との理由から破格の厚遇をうけた。前述のとおり、太平洋戦争の作戦立案の全権を握っていたのは服部卓四郎大佐、辻政信中佐、瀬島龍三少佐の昭和陸軍参謀三人組だったにもかかわらず、である。

このことについて堀栄三は、

「私は瀬島を姑息で哀れな器量の狭い人間だと思っている。国家の中枢たる参謀本部作戦課の奥の院にあって作戦指導した服部卓四郎、辻政信、瀬島龍三といった作戦参謀たちの人間性をそこに見るような気がする。このような人物が当時の軍の大作戦を指導したというこ と自体まことに情けない限りだ。しかも瀬島などは祖国日本を潰した戦争の一番の責任者なのだから、そういう人物が戦後の今も平然として、日本の政財界の御意見番としてのさばっていること自体がおかしいんだ。こういったところを、われわれは徹底して糾弾しなければならない」(『帝国陸軍の本質』)

と述べている。また瀬島の主導で立案されたフィリピン防衛を目指す「捷《しょう》一号作戦」が実行されるとき、

「瀬島も、一度は近代戦の実相を知っておいたほうがよい」

ということで方面軍の作戦主任参謀に内定していたのだが、瀬島は仮病を使って忌避《きひ》した。方面軍というのは通常二〜三個軍を基幹として編制される作戦軍である。このことについて朝枝繁春は、

「瀬島は仮病をつかってね。それこそ軍法会議の敵前逃亡ものだ」(『帝国陸軍の本質』)

と証言している。また堀栄三は、このことについて、

「瀬島が一度も戦場の弾《たま》の下をくぐったことがないという人事もおかしい。ここでも瀬島の上司に対する人心収攬《しゅうらん》術が機微に働いていた。要するに要領よく立ち回る官僚にすぎなかったのだ」(『帝国陸軍の本質』)

と述べている。瀬島は、つねに最高権力にすり寄る、忖度《そんたく》力に秀でた人物なのだろう。

司馬遼太郎とノモンハン

司馬遼太郎は、昭和四十五(一九七〇)年頃、文藝春秋の半藤一利《はんどうかずとし》氏に「ノモンハンを

書きたい」と言い、ノモンハンの生き残りで第二十六連隊長だった須見新一郎に面会し取材した。

しかしそののち司馬遼太郎は、かつて大本営作戦参謀で、当時伊藤忠商事の副社長となり政財界に大きな影響力をもつようになった瀬島龍三と対談し、これが『文藝春秋』昭和四十九年一月号にのった。すると須見新一郎は、瀬島と意気投合している司馬に激怒し、

「よくもあんな卑劣な奴《やつ》と対談をして。私はあなたを見損《みそこ》なった」

という趣旨の絶縁状を司馬に送った。司馬遼太郎は、この瀬島龍三と親和性が高かった。司馬遼太郎は瀬島龍三のような最高権力に近く華やかな人物を好きであり、須見新一郎のような謹厳実直で愚直なタイプを好きではなかったのだろう。だから軍人として辛酸《しんさん》をなめ敵味方識別能力に鋭敏だった須見新一郎は、このことを悟《さと》り、

「司馬遼太郎が書くノモンハンでは、瀬島龍三の上司である服部卓四郎・辻政信ら作戦参謀が善玉となり、自分はピエロか偏屈《へんくつ》者か悪玉として描かれる」

と予感し、司馬と絶交したのだろう。

その後、司馬遼太郎はノモンハンを書くことなく平成八（一九九六）年に死去。半藤氏は平成十（一九九八）年に『ノモンハンの夏』を書きあげ、この本で、

「ノモンハン敗戦の責任者である服部卓四郎・辻政信のコンビが対米開戦を推進し、戦争

を指導した全過程をみるとき、人は何も過去から学ばないことを思い知らされる」

と結んでいる。

司馬遼太郎の晩年の講演やエッセイに、ノモンハン事件のことがよく出てくる。彼にとって、ノモンハンは生涯にわたって晴れることない暗雲に閉ざされた心象風景なのだろう。司馬自身も、

「ノモンハンは、日本の歴史のなかで誰かが位置づけなきゃいけないんです。日本の軍閥がやった愚かな行為だとしてしまうのは簡単ですが……」（『戦争と国土　司馬遼太郎対話選集６』）

と、なみなみならぬこだわりを見せている。

このことについて国際政治学者福井《ふくい》雄三《ゆうぞう》氏は、次のように述べている。

「司馬がその生涯を通じて一番書きたかったのは、ノモンハンなのである。『坂の上の雲』は、その前段階のテーマに過ぎなかった」（『「坂の上の雲」に隠された歴史の真実』）

「(司馬は)『坂の上の雲』にノモンハン事件につながるテーマを隠し込んでいる。(司馬は) 乃木希典と伊地知幸介を馬鹿の骨頂のようにこきおろし、児玉源太郎を神のごとくに美化している。(これは) 昭和陸軍の暗黒と破滅の原点は乃木なのだ、間違いのルーツは

乃木・伊地知から始まったと出発点を設定するためではなかったのか」（『歴史小説の罠』）

しかし司馬は、結局ノモンハンを書けないままこの世を去った。もし書けなかった理由が「ノモンハンや昭和の破滅をもたらしたのは乃木・伊地知」という設定自体に誤りがあったからだとすれば、乃木・伊地知はトバッチリをうけたままになってしまっている。誰かが、司馬遼太郎に代わって、乃木・伊地知の日露戦争と昭和のノモンハンをつなげて語る必要がある。だから私はこの宿題に取り組むこととした。

明治の帝国陸軍とドイツ軍学

フランス式からドイツ式へ：陸軍の転換

辻政信や瀬島龍三や服部卓四郎らは皆、陸軍大学の出身であった。これら偏頗《へんぱ》な参謀を生んだ陸軍大学とは何であったのか。

明治陸軍は兵部大輔《ひょうぶたいふ》の大村益次郎《おおむらますじろう》（長州藩）が軍制をフランス型に統一し、明治五（一八七二）年に発足した陸軍幼年学校では号令はフランス語で行われ、明治六（一八七三）年にはフランス陸軍歩兵操典を全訳した日本陸軍歩兵操典が定められ、明治八（一八七五）年に発足した陸軍士官学校の教育はフランス軍事顧問団によって行われた。参謀養成を目的とした陸軍大学校は明治十六（一八八三）年に発足し、理数系科目を重視し技術教育を中心とするフランス式教育が行われていた。

しかし明治三（一八七〇）年七月～明治四（一八七一）年一月の普仏戦争でフランス陸軍はプロシア陸軍に惨敗した。このため大山巌《おおやまいわお》（薩摩藩）や山県有朋《やまがたありとも》（長州藩）らから、

「日本陸軍をドイツ式へ転換すべし」

との声があがった。大山巌は戊辰戦争のとき薩摩藩第二番砲兵隊長として幕府軍と戦い、西南戦争では旅団長として西郷軍と戦い、数多くの戦場体験からドイツ軍制を評価。ドイツ陸軍大学教官だったメッケル少佐が、明治十八（一八八五）年三月に来日した。

メッケル少佐の来日にはドイツ側の事情もあった。ドイツは普仏戦争に勝利すると、軍事指導を唱えて日本など後進諸国へ軍事教官を派遣した。ドイツは東側の敵国ロシアから軍事的圧迫を受けていたので、日本を勇気づけてロシアと戦わせロシアの勢力を削ぐ目的で、メッケル少佐を送ったのだ。このことについて軍事研究家の武岡淳彦《たけおかただひこ》（日中戦争に出征し貫通銃創三回、最終階級陸軍大尉。戦後は自衛隊に入隊して陸将）は、

「ドイツのアジア進出は、英仏米露の列国に比べると著しく立ち遅れていたので、一八七一年（明治四年）普仏戦争での勝利の余勢をかって、積極的にアジア進出にのりだしてきた。すなわち、普仏戦争で獲得した有利な国際世論を背景に、後進諸国への戦略・戦術指導を表看板にして軍事教官を派遣することによって、一方ではドイツへ好意をもたせるよう仕向け、他方ではその国の実情を調査したり、旧式兵器の売り込みをはかったのである。巧妙な戦略外交だが、彼の国の真の狙いは、清国や日本をそそのかしてロシアに対する危険感を抱くようにさせ、一方ロシアに対してはそのアジア進出を支援して東洋諸国と衝突さ

せ、その結果欧州におけるロシアの勢力、立場を弱めて、ドイツの国際的地位の優越をはかるにあった。となれば日本へのメッケル講師の派遣も、大砲の好意的売却も彼らの国家戦略の一環にすぎなかったのである」（『日本陸軍史百題』）

と述べている。こういった意味で、メッケルは日本にとって極めて苦い人物である。

軍事能力は大佐・連隊長レベルの「軍政家」メッケル

軍人には、軍制度・軍教育・人事などの「軍政」と、戦場に立ってドンパチやる「作戦」の両面がある。ドイツ軍人メッケルの本質は「軍政家」であり、多数の論文（『未来の歩兵戦』『戦術学』『兵棋入門』『師兵術』など）を著した学者肌だったが、部隊指揮官としての実戦経験はほとんどなく、作戦能力はせいぜい一個連隊を率いる大佐レベルだった。

大山巌は軍政家メッケルの進言を受けて、明治十九（一八八六）年三月に陸軍軍制を陸軍省・参謀本部・教育総監部へ三元化し、明治二十一（一八八八）年五月には鎮台《ちんだい》（内乱鎮圧のため明治四〈一八七一〉年に設置。担当地域に固着して機動性が乏しかった）を、指揮・管理・通信・補給機能を備えた師団へ改編する軍制改革を行った。このため師団は、所在地に関係なく移動し、独立して行動できるようになった。陸軍士官学校制度は明治二十（一八八七）年六月にドイツ式へ改められた。

そして、軍政家メッケルの進言に従い軍制近代化を実行に移したのが、日本側の軍政家・児玉源太郎である。その意味でメッケルと児玉源太郎は同類の軍政家として親和性が高かった。

軍政家・メッケル

しかし軍政家メッケルの軍事能力はせいぜい大佐・連隊長レベルの二流で、これを悟られまいとメッケルが虚勢を張ったことが、わが陸大教育を偏頗なものにした。

戦術の権威との触れ込みで来日したメッケルは、日本での陸大教育を終えてドイツへ帰国したのち、歩兵第二連隊長、参謀本部戦史部長、陸軍大学教官などを経て少将へ昇進し参謀本部次長となったが、まもなく歩兵第八旅団長に左遷《させん》された。すなわちメッケルの生涯の軍歴に、特筆すべき「軍人」としての実績がないのである。

メッケルの代表的著書『ドイツ基本戦術』の要旨は、

「戦争とは国家間の紛争を解決する術策であり、人間社会において不可避なものである。戦争の目的は、敵を打ち倒して当方の意思に従わせることである。敗者が戦争の終局段階まで徹底抗戦を試みることはないから、緒戦で敵に大打撃を与えれば戦争に勝利する」

という単純な「行け行けどんどん」である。しかし実際のところ、ナポレオンに攻め込まれたロシアも、ヒトラーに攻め込まれたソ連も、徹底抗戦の末それぞれを撃退したし、蔣介石《しょうかいせき》も日本軍も、戦争の終局段階まで徹底抗戦を試みた。このようにメッケルの『ドイツ基本戦術』は浅薄なもので、近代兵学理論のもととなったプロシアの兵学者クラウゼヴィッツの『戦争論』にも、また『孫子』にも、アメリカの「オレンジ計画」にもはるかに劣る。

「文は人なり」というが、論文審査の観点から『ドイツ基本戦術』を読めば、メッケルの軍事能力がせいぜい大佐・連隊長程度だったことがわかる。朝枝繁春（陸大五十二期）は陸大教育について、

「陸大で教えていたことはせいぜい師団参謀ぐらいの仕事で、それぐらいのことは、部隊の編制や装備さえ頭に入れておけばできたはずである」（『帝国陸軍の本質』）

と証言している。

命令絶対主義と空想を使った演習

メッケルは陸軍大学で第一期生（三年生）として井口省吾砲兵大尉（のちに参謀本部総務部長）・長岡外史《ながおかがいし》歩兵中尉（のちに参謀本部次長）・藤井茂太砲兵中尉（のちに黒木第一軍参謀長）・秋山好古騎兵中尉など十五名、第二期生（二年生）として落合豊三郎（のち

に奥第二軍参謀長）など十四名の参謀教育を行った。このとき児玉源太郎は陸大校長としてメッケルを接遇しただけでなく、聴講生として学生に交じって講義を受けた。

メッケルは各地を旅行しながら夜に宿題を出し翌朝から現地で演習を行う参謀旅行に力を注いだ。この演習は相当ギクシャクしたものだった。師団長役の学生が前線指揮官役の学生に師団長命令を発すると、前線指揮官役の学生は、

「そんな命令では勝てない！」

と前線指揮官役を辞退した。代わりに前線指揮官役に任じられた学生も、

「こんな命令では勝てない！」

と前線指揮官役を拒否したりした。これは日本的風景である。日本人の戦争では、上官命令が適切で上官が率先しない限り将兵は動かない。だから日本人指揮官は戦況を的確に判断して適切な命令を下し、率先して最も危険な陣頭に立つのだ。「指揮官先頭の原則」である。しかしメッケルは、この日本の武士道的美風が不満で、「どんな不適切な命令でも部下は絶対服従すべき」という考えだった。メッケルが演習の前提として、

「ただいま、古河の軍司令部から電報が到着した」

と言うと、師団長役の学生は、

「当地と古河の間に、電信線などない！」

とメッケルに噛《か》みついた。当時の陸軍大学の生徒たちは「現実に即して考える」という地道で常識的な発想をもっていたのだ。

しかしメッケルは空想を使った演習にこだわり、こうした陸大学生の「現実に即して考える」という地道で常識的な発想に激怒し、

「上官命令を批判し、服従を拒み、はなはだしきは悪罵・漫言。なんたる不軍紀。むしろ日本の陸軍大学校は閉鎖したほうがよい」(『将軍長岡外史』)

と言い放った。メッケルが陸大の学生に叩き込んだ命令絶対主義と空想を使った演習は、のちに昭和期になって「弾薬・食糧の補給はあるとして」とか「増援部隊が到着するとして」とか「兵員の海上輸送は安全と仮定して」と都合のよい前提条件を並べて作戦の齟齬《そご》をきたし、大敗北の素地となる。

さらにメッケルは、

「ドイツ陸軍一個師団があれば、日本陸軍全軍を一気に撃滅してみせる」

と豪語した。こうしたメッケルの傲慢な調子に憤慨する学生も少なくなかった。

現地演習で前衛司令官役となった学生の工兵中尉・榊原昇造《さかきばらしょうぞう》は、メッケルから痛烈に面罵《めんば》されると、激怒して腰の軍刀を引き抜き、メッケルに斬りかかった。突然のできごとに日本側指導教官・小川又次《おがわまたじ》大佐（のちに日露戦争で第四師団長）が大喝一声して制止し、

榊原昇造中尉は即日帰京を命じられた。そののち榊原工兵中尉は工兵監を経て中将に昇進する。

メッケル少佐の言動について、仙台鎮台参謀の吉見《よしみ》精《せい》大尉は、

「不遜《ふそん》、侮慢な言辞を弄し、従事者をして慚汗忿怒《ざんかんふんど》に至らしむ」（『参謀旅行施行法の比較』）

と評した。また『仙台陸軍幼年学校史』はメッケル少佐について、

「大場弥平《おおばやへい》少将はメッケルの教育に批判的だった。メッケル教育は陸軍大学の伝統となり、日清戦争までは功績が認められたが、日露戦争において早くも行き詰まり、大東亜戦争に至って大場弥平少将の非難が的中していたようである」

と評している。さらに昭和十八（一九四三）年頃陸大校長だった飯村穣《いいむらじょう》中将はメッケルについて、

「日露戦争までの連隊長以上の日本陸軍の将帥は人柄も良く、戦《いくさ》もうまかった。ドイツ流の理論兵学を誇りわがまま勝手をしたメッケル流の風潮が、わが陸軍大学に導入されてから、陸大出身の将帥は、前者に比して、見劣りするようになった。陸大出の将校がとかく傲慢《ごうまん》だったのもメッケルの影響を受けている。メッケルは少将以上には進級できなかった奇癖《きへき》のある人であった」（『帝国陸軍の本質』）

と述べ、ドイツ流理論兵学を誇り、わがまま勝手をしたメッケルのドイツ軍学を引き継いだ陸大出身者の無謀な作戦が太平洋戦争の敗因、との判断を示した。

こののち性格偏頗なメッケル流を真似した者たち――辻政信や瀬島龍三や服部卓四郎ら――が陸大を卒業して大本営参謀となり、太平洋戦争で空想にもとづいた命令絶対の思想を実践し、徹底的な秘密主義と大本営発表という虚偽宣伝により、日本人軍民三百十万人を無益な死に追いやったのは、先にも述べたとおりである。

メッケル流ドイツ軍学の陥穽

メッケル軍学の戦術思想は「寡《か》をもって衆を破る攻撃重視・火力軽視・補給無視の電撃機動作戦」であるが、補給不足がネックとなって攻撃力が急低下する脆弱《ぜいじゃく》性があり、ドイツ陸軍は第一次世界大戦も第二次世界大戦も補給の脆弱性を露呈《ろてい》して敗北した。じつは、ドイツ陸軍が勝利したのは、普仏戦争のみなのである。

さらに、ドイツ陸軍の参謀は戦略・戦術・作戦の立案遂行という指揮統帥の根幹に参画するため、参謀が軍司令官を棚上げして軍を動かす越権行為を行い、作戦が失敗すれば敗戦責任を軍司令官に責任転嫁する無責任態勢に陥る傾向があった。

太平洋戦争の惨憺《さんたん》たる敗戦ののち、『仙台陸軍幼年学校史』はメッケル軍学について、

「（ドイツ軍学の作戦思想は）大陸国家としてのドイツ陸軍の建前であって、（海洋国家である）日本の作戦思想とすべきものではなかった。日本としては、海洋的な見地から、陸海軍一体の作戦を考えるべきではなかったか」

と、自省を込めて述べている。

メッケル礼賛は単なる内輪での褒め合い

メッケルは、日露戦争が始まる前、

「日本陸軍には私が育てた児玉がいる。児玉がいる限り日本はロシアに勝つであろう」

と述べた。また日露戦争が終わったあと、メッケルの指導を受けた参謀らが、

「日露戦争に勝てたのは、智謀《ちぼう》神のごときメッケルが我らを指導してくれた賜物《たまもの》であり、日露戦争の勝利はメッケル軍学の勝利である」

と吹聴した。しかしこれはメッケル一門の家元が弟子をたたえ弟子が家元を崇拝した、という内々で褒《ほ》め合った内輪話にすぎない。新興宗教の教団で教祖が、

「わが教団には私が育てた高弟がいる。彼がいる限りわが教団は永遠である」

と言い、高弟たちが口をそろえて、

「わが教団の発展は、智謀神のごとき教祖様がわれらを指導してくれた賜物である」

と口々に教祖を崇拝した、というようなものだ。第三者の評価でないこうした手前味噌《てまえみそ》（わが家で自製した味噌が一番うまいと自慢すること）に何ら意味はない。

メッケル軍学は服部卓四郎・辻政信・瀬島龍三らに継承され、前述のとおりノモンハン事件や太平洋戦争の惨憺たる敗北を招いた元凶となった。

しかるに司馬遼太郎は、何を勘違いしたのか、メッケルを酔うがごとくに賛美している。

「以前に触れたプロシャ（ドイツ）陸軍の参謀将校メッケル少佐である。その着任は明治十八年三月十八日で、それ以前から、

――智謀神ノゴトシ。

といううわさが、すでにきこえていた。

余談ながら、のちに日露戦争を勝利にみちびいた日本軍の高級参謀将校のほとんどがメッケルの門下生であり、メッケルの在任は明治二十年前後のわずか数年の期間ながら、その門下生たちはよくその教えをまもった。のち、この間のことが極言されて、

『日露戦争の作戦上の勝利は、メッケル戦術学の勝利である』

とさえいわれたほどであった」

「極端な言い方をすれば、メッケルが日露戦争までの日本陸軍の骨格をつくりあげたとい

えるかもしれない」（『坂の上の雲』「海軍兵学校」）

「メッケルの戦術が日露戦争の満州における野戦にどれほどの影響をあたえたか測りしれない」（『坂の上の雲』「あとがき六」）

司馬遼太郎は、芝居気たっぷりで自己顕示欲旺盛なメッケルが大好きであり、底抜けの明るさで心の底からメッケルを崇拝した。講談師が張扇《はりおうぎ》で机をたたきながら弁舌さわやかに聴衆を酔わせるには、メッケルのような口舌の徒《と》を主人公に据《す》えるのが効果的なのだろう。

「明治時代がおわり、日露戦争の担当者がつぎつぎに死んだあと、日本陸軍がそれまであれほど感謝していたメッケルの名を口にしなくなったのは戦勝の果実を継いだ――たとえば一代成金の息子のような――者がたれでももつ驕慢《きょうまん》と狭量と、身のほどを知らぬ無智というものであったろう」（『坂の上の雲』「海軍兵学校」）

と述べ、太平洋戦争の敗因は、

「日本陸軍が、日露戦争の後、日露戦争勝利の恩人であるメッケルの教えを忘れた驕慢と狭量にある」

との見方も示した。

しかし、実際はというと、前述のとおり昭和期に入り、服部卓四郎・辻政信・瀬島龍三ら陸軍参謀三人組が攻撃重視・火力軽視・補給無視のメッケル戦術を継承実践した。そして徹底的な秘密主義と大本営発表という虚偽宣伝により日本人軍民に多大な犠牲を払わせたうえ、敗戦の責任を軍司令官らに責任転嫁して、自身らは安穏《あんのん》を貪《むさぼ》ったのだ。

メッケル軍学は、メッケルの愛弟子《まなでし》である児玉源太郎や後述の井口省吾から、陸大教育をつうじて、服部卓四郎・辻政信・瀬島龍三らに継承された。このメッケルを絶賛・賛美する司馬遼太郎はメッケル教団に帰依《きえ》し、いわば宗教法人・メッケル教団の教宣部長という立場から、その布教書として『坂の上の雲』を書いたように見える。

だから前述のとおり、軍人として辛酸をなめ、敵味方識別能力に鋭敏だったノモンハンの生き残り須見新一郎が、瀬島龍三と意気投合している司馬遼太郎を見て、

「司馬遼太郎が書くノモンハンでは、自分はピエロか悪玉として描かれる」

と察知して司馬と絶交したのは、事態を精確に予測したものというべきであろう。

司馬遼太郎の描いた龍馬の問題点

江戸時代は日本の近世である。幕末維新から日露戦争をはさんで太平洋戦争敗戦までが近代である。敗戦後が現代である。だから日本近代史を概説するなら、スタートとなる幕末維新・戊辰戦争を正しく認識する必要がある。

そもそも「尊皇か佐幕か」「攘夷か開国か」が争点になるなか、「尊皇攘夷」を唱えた薩長が、幕府を倒した戊辰戦争・明治維新に何ら大義はない。幕府は老中の阿部正弘《あべまさひろ》が日米和親条約を結び、大老の井伊直弼《いいなおすけ》が日米修好通商条約を結んで開国した。そののち徳川慶喜《とくがわよしのぶ》が大政奉還を行って政権を朝廷に返上し、「尊皇開国」となって決着した。だから戊辰戦争を行う大義名分はまったくなかったのだ。しかも日米修好通商条約はインド・タイ・清国などが五％という低率関税で苦しむなか、幕府が日本の産業保護のため二〇％の高率関税を獲得した立派な条約だった（しかし下関海峡航行中の無辜《むこ》の外国船を砲撃した長州藩の攘夷行動に反発したイギリスの報復《下関戦争。馬関《ばかん》戦争ともいう》の結果、日本の関税率はインド・タイ・清国と同様の五％の低率関税に引き下げられ、経済的大打撃をこうむった）。

戊辰戦争とよばれる日本の東西戦争は、死の武器商人グラバーがアメリカ南北戦争の終戦で不要となった中古小銃を日本に売るため、日本における内戦を希求したことに始まる。二束三文となった中古小銃を仕入れて高値で売り抜けば、膨大な利潤を得られるからだ。そこで紅毛碧眼《こうもうへきがん》のグラバーは、自分に代わって日本各地を歩き回って違法な武器密輸の商談をまとめ、薩摩・長州両藩を仲介して薩長同盟を結ばせ、日本に内戦を発生させる工作を行う、気の利いた日本人代理店業者として坂本龍馬《さかもとりょうま》を雇った。龍馬がつくった日本初の商社といわれる亀山社中《かめやましゃちゅう》の商売は、イギリス武器商人の手先となって薩長両藩に最新鋭武器を売り込み、幕府将兵を撃ち殺す高性能小銃の密貿易で高利潤を貪るものだった。こうした武器密輸で膨大な利益を得たグラバーは、風光明媚《ふうこうめいび》な長崎の一等地にグラバー邸を建て、龍馬ら亀山社中は長崎の丸山遊郭に登楼していっときの遊興を享受した。すなわち死の武器商人グラバーの忠実な下請業者・坂本龍馬が、海上輸送・ブローカー業務など武器密輸に携《たずさ》わったうえ、戊辰戦争という日本の内戦を引き起こしたのだ。

私が講演で、こういう話をして質疑応答が終わり、近くの居酒屋での懇親会に移ったとき、私の真ん前に座った若い女性から、

「先生、龍馬のことを悪く言うのはやめてください」

と、柳眉《りゅうび》を逆だてて抗議を受けた。そして彼女は、

「だって私、歴史上の人物といえば、龍馬しか知らないんです」

と言って涙ぐんだ。龍馬は彼女の恋人なのだ。こうなると私としては何も言えない。彼女は、司馬遼太郎が書いた『竜馬がゆく』を読んで、龍馬に恋したのだろう。

司馬遼太郎は『竜馬がゆく』の取材旅行で高知を訪れ、桂浜《かつらはま》の龍馬像を見上げて、

「君のことを書くよ」

と語りかけた、という。司馬遼太郎は龍馬に対する思い入れが深く、

「天が日本のためにこの若者を遣《つか》わし、短い生涯を終わらせた」

とキリスト教の殉教者のような最大の賛辞を贈った。

そうはいっても実際の龍馬は、先に書いたとおり、死の武器商人グラバーの日本人代理店業者として武器密貿易利潤を得るため、日本に戊辰戦争という無益な内戦を発生させた人物なのだ。


前述のとおり日本近代史は、（戊辰）戦争から始まり（日露）戦争を経て（太平洋）戦争の敗戦で終わるのだから、日本近代史を書くにはこの三つの戦争の詳細と全貌を、将棋の棋士があらゆる棋譜を暗記するように、頭に入れなければならない。私はこれに半生を費やした。この際、戊辰戦争の詳細と全貌については、先人の研究に頼った。

そういう事情から私は、私と同様ほぼ半生を戊辰戦争の研究に費やし幕末戊辰戦争史に詳しく名著を出している歴史研究家K氏と、喫茶店でお茶を飲んだことがある。

このときNHK大河ドラマ『龍馬伝』で俳優福山雅治《ふくやままさはる》氏が龍馬を演じていたが、K氏は、「講演で『龍馬は女にだらしなく長崎丸山の遊郭に入り浸って性病に罹《かか》ったので子どもができないのだ』と話したところ、中年女性から『福山雅治さんはそんな不潔な人ではあり

ません。福山さんのことをそのように悪く言うことは絶対に許しません』と大変な剣幕《けんまく》で怒鳴《どな》られたよ。清潔な印象の俳優福山氏が、女にだらしない龍馬を演じている、ということがわからないのかね。それなら悪役を演じる俳優は、悪人として逮捕されて、牢屋《ろうや》にブチ込まれるだろうよ。『メザシの頭も信心から』というが、『貴方が信じているのはメザシの頭ですよ』と言ったら、殴《なぐ》られそうだよ。いやな世の中になったね。もはや我ら実証史家は、この世の中に居場所はないのかね。それにしても（『竜馬がゆく』を書いた）司馬遼太郎はウソ八百を書きまくりやがって、罪な野郎だよ。ＮＨＫってのは『日本ホラ吹き協会』の略語なのかね」

と、吐き捨てるように一気に憤懣《ふんまん》をぶちまけた。それをうつむいて聞きながら飲んだコーヒーは、ことさらほろ苦く感じた。

小説とは虚構の物語であるから、司馬遼太郎が小説家としてウソを書いたことはいいとしても、公共放送であるＮＨＫが『竜馬がゆく』、『龍馬伝』と大河ドラマを二本制作したのは、やり過ぎだったであろう。

第一章

日露戦争‥旅順攻防戦

遼陽
牛荘
海城
摩天嶺
営口
析木城
鳳凰城
蓋平
岫岩
九連城
義州
得利寺
大孤山
金州城
金州湾
塩大澳
南山
旅順
大連
大連湾

図1：遼東半島全図

金州・南山の激戦

重量兵器を陸揚げする大連港の確保

日露戦争における緒戦の激戦は、明治三十七（一九〇四）年五月の金州《きんしゅう》・南山《なんざん》の戦いである。

日本陸軍の基本戦略は、

「ロシア軍を遼陽と旅順に分断し、黒木第一軍（司令官・黒木為楨大将）と奥第二軍（司令官・奥保鞏大将）が遼陽のロシア軍主力を撃破する」

とした。その際、北上する黒木第一軍・奥第二軍の背後を、旅順のロシア陸軍に襲われぬよう、乃木希典大将率いる第三軍（同年六月に編制される）が旅順を封じ込めることとした。その乃木第三軍の上陸および重砲（口径十センチ以上の大型砲）など重量兵器の揚陸のため、大連《だいれん》港の確保が必須となり、そのためにまず大連湾を守る金州・南山の攻略が必要となった（図1）。

ロシア軍を遼陽と旅順に分断しかつ大連港を確保する仕事は、奥第二軍が受けもった。その第一歩が金州城・南山陣地の攻略である。

金州城は既存の城壁を利用して要塞化され、機関銃が据えられていた。南山陣地は連なる諸高地に設けられた堅固な防御陣地で、高地と斜面に敷設された堡塁には重砲・大砲・機関銃が据えられ、陣前には塹壕・鉄条網・地雷原が敷設されていた。

奥第二軍が上陸した塩大澳《えんたいおう》という海岸は、水深約一メートルの遠浅の砂地で、

「上陸に適している」

とされた。確かに、歩兵が舟艇から海中へおり歩兵銃を海水に濡れぬよう頭上にかかげ、腰まで海水につかりながら約一キロを歩いて上陸するには最適である。

しかしあまりにも水深が浅いので、大砲を積んだはしけは大砲の重量で喫水線《きっすいせん》が下がって海底の砂へめり込み、前進できなかった。架設桟橋《かせつさんばし》をつくってもみたが、黄海《こうかい》からの回流が速いため、海底の砂地へ打ち込んだ杭《くい》は海流にあおられ、海砂もろとも瞬時に流されてしまった。苦心惨憺《くしんさんたん》して口径七・五センチの三一年式野砲と少数の弾薬を揚陸するのが精一杯であった。このため奥第二軍は一銃一砲につき二百七十発しかない弾薬不足に陥る。重砲のような重量物は遠浅の海岸からは揚陸できない。奥第二軍は重砲もなく大砲・弾薬の乏しいなか、肉弾で金州・南山を攻めた。

司馬遼太郎は、奥第二軍が肉弾で攻めた金州・南山戦について、日本軍は近代的要塞に無知だったとして、『坂の上の雲』で、

「『金州は一日で陥ちるだろう』

というのが、東京の大本営と奥軍の予想であった。（中略）日本軍のこの敵情についての無知が、おもわぬ屍山血河《しざんけつが》の惨況をまねくことになった。（中略）

——近代的陣地とはこういうものか。

ということを、そういう点に無知だった日本陸軍はその砲火のシャワーをあびることによってはじめて知らされた。（中略）奥保鞏は、上陸後、偵察によってはじめて金州・南山要塞の容易ならなさにおどろき、大本営に、電報をうち、

『重砲を送れ』

と要請したが、大本営からおりかえし、

『その必要なし。即攻せよ』

と、命じてきた」（『坂の上の雲』「陸軍」）

と書いている。すなわち司馬遼太郎は、奥保鞏が大本営に「重砲を送れ」と要請した、という主張である。

しかしそんな話がありようもないことは、読者の方々ももうおわかりだろう。金州・南山をおとして大連港を確保しない限り、重砲など重量物の揚陸は困難であり、そのことは奥も承知のうえ、作戦を実行していたからである。

金州城の攻略

第二軍の奥保鞏司令官は、金州城攻撃に大阪第四師団、南山攻撃に東京第一師団・名古屋第三師団を配し、五月二十五日、

「今夜中に金州城を攻略。南山総攻撃は明朝午前四時三十分」

と命じた。しかし大阪第四師団は金州城攻略に失敗し、午前四時頃、退却した。

総攻撃予定時刻に南山へ前進した東京第一師団は、金州城から機銃掃射を受け、たちまち激戦となった。乃木勝典《のぎかつすけ》中尉（乃木希典の長男）が戦死するも、東京第一師団は金州城を攻略した。

ここで第二軍司令官・奥保鞏大将を紹介する。

奥保鞏は、弘化《こうか》三（一八四六）年、幕府側の小倉藩の中級藩士の家に生まれた。小倉藩は、保鞏が二十歳の慶応二（一八六六）年、第二次長州征伐で長州藩奇兵隊の猛攻を受け

小倉城が落城。戦争の無常を感じた保鞏青年は、いったんは文学を志したが、明治新政府のもとで陸軍制度が発足すると、鎮西鎮台小倉出張所三番小隊付歩兵大尉心得を振り出しに軍歴をスタート。佐賀の乱（佐賀の不平士族が明治七（一八七四）年に起こした反乱）では政府軍の中隊長として左肺に敵弾を受け、九死に一生を得た。西南戦争では、西郷軍に取り囲まれた熊本城籠城四十日の後、城外の味方と連絡するため決死隊を率い、大声疾《たいせいしっ》呼《こ》して敵の重囲を切り抜けたとき、飛弾が口中から頬を貫通した。しかし屈せず、左手で傷口をおさえ、右手で軍刀を振るって群がる敵を撃退した。

　歴戦のベテラン奥保鞏の戦術は、強襲もあれば停止もあり、猛進もあれば偵察もある。戦術のデパートのように、多彩で切れのある小技を繰り出す技巧派である。

第二軍司令官・奥保鞏大将

南山総攻撃

　結局、南山総攻撃は、予定時刻から五十分遅れて、午前五時二十分に開始された。

　退却していた大阪第四師団（この師団長はかつて大佐のとき、メッケルに斬りかかった榊原昇造中尉を制止した小川又次中将であった）は勇を奮って前進し南山陣地へ迫ったが、進撃は停滞。名古屋第三師団は銃撃を受けて前進停止。東京第一師団は、鉄条網を敷設した堅固なロシア軍散兵壕からの一斉射撃で動けなくなった。名古屋第三師団が、午前十時頃、突撃のため立ち上がったが、ロシア軍の機関銃に薙《な》ぎ倒された。

司馬遼太郎はこのことについて、

「――敵は機関砲（銃）というものをもっている。

ということが、日本軍の将兵がひとしくもった驚異であった。日本歩兵は、機関銃を知らなかった。

火器についての認識が、先天的ににぶい日本陸軍の体質が、ここにも露呈している」（『坂の上の雲』「陸軍」）

と述べた。

しかし、奥第二軍は、四十八挺の機関銃をもっていた。一方ロシア軍の機関銃は十挺である。

戦国時代の城攻めを考えればわかることだが、攻城側の二百挺の火縄銃より、守城側の石垣上の座間塀《ざまべい》にある一辺十五センチの三角形の銃眼から撃ち出される百挺の火縄銃のほうが圧倒的に有利である。守城側の銃眼からは攻城側を自由に狙撃できるが、攻城側の火縄銃は一辺十五センチの三角形の銃眼に弾丸を撃ち込まない限り何の効果もない。

すなわち南山戦においても、掩蓋《えんがい》に守られ銃眼から斉射《せいしゃ》するロシア軍の機関銃十挺のほうが、下から打ち上げる奥第二軍の四十八挺の機関銃より、はるかに有利だったのだ。この事情を無視して司馬遼太郎が、

「日本軍の将兵が機関銃を知らなかった」

との趣意を述べたことは、明らかなフィクションである。

午後二時頃、大阪第四師団が南山北麓へ前進したものの攻撃頓挫《とんざ》。

東京第一師団・東京第一連隊は午後三時五十分に突撃したが、第一次突撃隊は五十～六十メートルを進む間にほとんどが斃《たお》れ、第二次突撃隊は立ち上がったとたん機銃掃射を浴びて死傷多数。東京第一連隊長の小《お》原正恒《はらまさつね》大佐は残兵を率い軍旗を奉じて突撃したが、頭部に銃弾を受け重傷。副官の進藤長重《しんどうながしげ》大尉、連隊旗手の江《え》尻辰美《じりたつみ》少尉とも戦死し、突撃は失敗に終わった。この突撃について、東京第一連隊の和《わ》田亀治《だかめじ》参謀は、のちに、

「軍旗を先頭に突撃すると敵の機関銃が猛射を加え、旗手も連隊副官も戦死。連隊長は重傷。軍旗は、旗を軍曹が持ち、あっちに御紋章が有るという悲惨の極みであった」

と述懐している。東京第一師団・東京第三連隊の突撃隊もほぼ全滅。鉄条網を這い潜《くぐ》ってロシア軍散兵壕へ迫った少数の日本兵は、散兵壕前でロシア兵に撃ち殺された。

司馬遼太郎はこうした東京第一師団の苦闘を、

「ともかくも、銃と剣だけを武器とした歩兵が、大消耗を覚悟のうえでの接近を遂げてゆくしかしかたがない。

歩兵の躍進は、早朝、砲兵の射撃とともにはじまったが、山麓にちかづくにつれて損害がものすごいいきおいでふえはじめた。山麓に鉄条網がはりめぐらされている。歩兵は途中砲煙をくぐり、砲火に粉砕されながら、ようやく生き残りがそこまで接近すると、緻密な火網を構成している敵の機関銃が、前後左右から猛射してきて、虫のように殺されてしまう。それでも日本軍は、勇敢なのか忠実なのか、前進しかしらぬ生きもののようにこのロシア陣地の火網のなかに入ってくる。入ると、まるで人肉をミキサーにかけたようにこなごなにされてしまう」(『坂の上の雲』「陸軍」)

と述べた。戦場に斃れた無念の戦死者の姿を、

「虫のように殺されてしまう……人肉をミキサーにかけたようにこなごなにされてしまう」

と描く、この司馬遼太郎の表現の冷血は、いったい、なんなのか?「文は人なり」というが、東京第一連隊長小原正恒大佐や進藤長重大尉や江尻辰美少尉ら斃れゆく将兵の無念を、このように描く司馬遼太郎という人物の真底に潜む冷血な心根が垣間見られるよう

な気がする。司馬遼太郎のこうした文章のなかには、ともに戦った仲間への戦友愛や、国のため戦って斃れた同胞の無念への共感が、まったく感じられない。

とくに司馬遼太郎が「ロシア陣地の火網のなかに入ってくる」と述べた視点は、「ロシア軍機関銃陣地から、日本兵に銃の照準を当てて、見ている視点」である。これでは司馬遼太郎はロシア側従軍作家とよばねばならず、国民的作家とはいえない。私は日本人として、ロシア軍側の視点に立つ司馬遼太郎に強い疑問を感じる。

大阪第四師団が、午後五時、全滅覚悟の最後の肉弾突撃を行うと、ロシア兵は退却に転じ、南山陣地は午後八時に陥落した。このことについて司馬遼太郎は、

「掩蔽《えんぺい》砲台と無数の機関銃陣地は生きている。それらが数百メートルに接近した日本兵を血なますにして鉄条網の前に死骸の山をきずいた。

――もはや、どうにもならない。

という気が、奥保鞏の幕僚（参謀）のあたまを支配しはじめたのは、この日、正午すぎである。（中略）結局は累計二千人という一個連隊ぶんの死傷者を出しただけであった」

（『坂の上の雲』「陸軍」）

と述べただけであった。これでは戦記として、まったく不適切である。

実際は、奥第二軍は計画どおり、

「南山陣地の攻略により、補給基地である大連港を確保し、ロシア軍を遼陽と旅順に分断して作戦目的を達成した」

のである。

満州軍総司令官		大山巌元帥
満州軍総参謀長		児玉源太郎大将
	第一軍	黒木為楨大将
	第二軍	奥保鞏大将
	第三軍	乃木希典大将
	第四軍	野津道貫大将

※参謀総長　山県有朋元帥

図2：満州軍の編制

乃木第三軍の編制

金州・南山の攻略から一ヵ月後の六月二十日に満州軍総司令部が設けられ、大山巌参謀総長が満州軍総司令官に、児玉源太郎参謀次長が満州軍総参謀長になって戦場へおもむき、後任の参謀総長には山県有朋元帥が、参謀次長には長岡外史少将が任ぜられた（図2）。

六月三十日には、奥第二軍から移籍した第一師団（東京）に第九師団（金沢）と第十一師団（善通寺）を加えて、第三軍（軍司令官・乃木希典大将）が編制された。乃木第三軍の当初の役割は、奥第二軍が遼陽のロシア軍と戦うとき背後を襲われぬよう、旅順のロシア軍を封鎖することだった。乃木第三軍への期待は、当初はその程度のものだった。

乃木希典は嘉永二（一八四九）年に長州藩支藩の長府藩士八十石の家に生まれ、戊辰戦争が終わって明治の代になり、陸軍が建軍されると、明治四（一八七二）年に

第三軍司令官・乃木希典大将

二十二歳で陸軍少佐に任官し、そののち西南戦争など士族の反乱の鎮圧にあたった。乃木は愚直・真面目だが、西南戦争では西郷軍に連隊旗を奪われるなど戦下手と評された。中将まで昇進したが、明治三十五（一九〇二）年に予備役へ編入され、陸軍を去り帰農した。

かかるなか日露開戦となったので、大将・第三軍司令官として現役に復帰した。世界最強のロシア陸軍が横綱とすれば、新興まもない日本陸軍は前頭ほどの実力しかないのだから、一筋縄ではいかない。そこで日本陸軍は軍司令官に屈指の戦上手をそろえただけでなく、異色の存在として、戦下手と笑われるものの、愚直・真面目がとりえで凡庸《ぼんよう》の団結を引き出すことのできる乃木を軍司令官の一人に交えたのだろう。軍隊には、地味な裏方をこなす愚直さも必要なのだ。すると乃木は、期待された以上の働きで日露陸戦を勝利に導く戦果を挙げる。陸軍中央が、乃木の真面目でひたむきな姿勢を奇貨として乃木第三軍を最大激戦地に続けて投入したところ、乃木はつぎつぎとこれにこたえていくこと

となる。

旅順攻略を急かす海軍

ロシアは明治三十七（一九〇四）年五月二十日、バルチック艦隊の極東派遣を世界に公表した。すると日本海軍は、バルチック艦隊と旅順ロシア艦隊が合流することを恐れ、乃木軍の旅順攻撃に期待した。連合艦隊司令長官の東郷平八郎《とうごうへいはちろう》大将は、七月十一日、海軍軍令部長の伊東祐亨《いとうすけゆき》大将に、

「八月上旬までに旅順を攻略するよう、陸軍に働きかけてほしい」

と電報で要望。そして伊東軍令部長から要望を受けた山県有朋参謀総長は、満州軍総司令官の大山巌元帥に打電し、

「多少の犠牲は顧みず、乃木第三軍に、旅順を攻撃させる」

よう命じた。そこで大山巌元帥は、七月二十日、旅順攻撃予定日を八月末と決定した。

しかし伊東祐亨海軍軍令部長は『八月末』に不満で、七月二十五日、大山巌元帥に、

「バルチック艦隊の来航が近いので、八月十日までに、旅順を攻略する」よう電報で要求した。

しかし、バルチック艦隊来航は翌年の明治三十八（一九〇五）年五月とされていた。つ

まり、まだ十ヵ月も先なのに、伊東は「八月十日」にこだわったのである。困惑した大山巌は七月二十八日、

「重砲等の運搬のため鉄道の修復が不可欠なので、『八月十日』までの攻略は無理」

と返電したが、伊東はこの回答を不満とした。そこで参謀本部総務部長の井口省吾少将が満州軍高級参謀へ赴任する際、乃木軍司令部に立ち寄って直接説得することとなった。


井口省吾少将は、八月四日、乃木軍司令部に立ち寄り、乃木軍参謀長の伊地知幸介少将に旅順の急襲速攻を要求した。しかし伊地知は、大連港から上陸し遼東半島を西進してゆく過程の各地でロシア軍との実戦を幾度も経験し、ロシア軍の防御陣地が堅固であることを身に染みて実感していた。そのため慎重な態度をとるようになっており、

「急進突撃し一挙に旅順要塞を攻略せんとすれば、必敗を免れない。旅順総攻撃は『八月下旬』の予定で準備中である。『八月十日』に繰り上げるのは無理である。バルチック艦隊が一ヵ月以内に来航するとは思えない。バルチック艦隊来航前の旅順攻略はうけあう」

と反論した。伊地知の主張は正論である。井口と伊地知は怒鳴り合いの大喧嘩となった。


井口と伊地知は陸軍士官学校第二期の同期生で、井口は優秀でエリート、伊地知は最優秀で超エリートだった。しかしこのときは、満州軍高級参謀の井口が乃木第三軍参謀長・

伊地知の上官となっている。井口には、伊地知の優れた才能に対する妬《ねた》みと、いまは上官であり伊東祐亨や山県有朋ら陸海軍首脳をバックにもつ優越感があった。

伊地知の主張は現実に根差した正論だが、井口は権力をもって伊地知をねじ伏せ、暴論を押しつけた。結局、旅順総攻撃予定日は、間を取って八月二十一日払暁《ふつぎょう》と決まった。

乃木軍参謀長・伊地知幸介と満州軍高級参謀・井口省吾

伊地知幸介は、薩摩藩士・伊地知直右衛門《なおえもん》の長男に生まれ、少年兵として御親兵（廃藩置県を行った軍事勢力）に選ばれ、西郷隆盛《さいごうたかもり》に従い上京。陸軍幼年学校を経て明治八（一八七五）年に陸軍士官学校に入校し、明治十（一八七七）年の西南戦争に出征して明治十二（一八七九）年二月に砲兵少尉に任官。同年十二月に陸軍士官学校を卒業した。同期生百三十六人には田村怡与造《たむらいよぞう》（のちの参謀次長）、井口省吾、長岡外史らがいる。

伊地知は、陸軍士官学校卒業の翌年、明治十三（一八八〇）年にフランスへ留学し、四年後の明治十七（一八八四）年に大山遣欧使節団の随員として再び派遣され、そのままドイツ留学を命じられ、ドイツ参謀総長大モルトケの知遇を得て戦略・戦術の指導を受けた。日清戦争には第二軍参謀副長として出征し、明治二十九（一八九六）年に参謀本部の第一部長（作戦部長と呼ばれた作戦の花形）に就任。伊地知は田村怡与造とならんで同期のトップで進級し、明治三十三（一九〇〇）年に田村と二人だけ少将に昇任した。ちなみに、田村怡与造（山梨県出身）は今信玄と称された天才で、参謀総長の川上操六《かわかみそうろく》が急死したあと参謀次長となり、対露戦の研究に没頭する。

　司馬遼太郎が、田村と並んで陸軍から高く評価され嘱望《しょくぼう》された伊地知について、

乃木第三軍参謀長・伊地知幸介少将

「すぐれた作戦家という評判は陸軍部内で少しもなかったおそるべき無能と頑固の人物」

と言ったのは真っ赤なウソなのである。

　一方、井口省吾は駿河国駿東郡上石田村の農家井口《いぐち》幹一郎《かんいちろう》の次男に生まれ、沼津兵学校（徳川家・静岡藩が士官養成を目的として明治元（一八六八）年に開設）を経て、明治八（一八七五）年に陸軍士官学校に入校（田村・伊地知と同期）。こののち井口は西南戦争に従軍し、明治十二（一八七九）年に砲兵少尉に任官した。ここまでは田村・伊地知と同様である。

　陸軍士官学校で最優秀と評定された田村怡与造と伊地知幸介は陸士卒業後、陸大へ進まず、田村はドイツへ留学、伊地知はフランスとドイツへ留学した。一方、井口・長岡は陸大へ進んだ。田村・伊地知は、陸大へ進んだ井口・長岡より「はるかに優等」と判定され

たから留学組となったのである。

これが田村・伊地知vs.井口の感情的対立の根となった。

井口省吾は明治十七（一八八四）年に陸軍大学（第一期）に入学し、明治十八（一八八五）年に来日したメッケルの指導を受け、陸大卒業ののち明治二十（一八八七）年から明治二十三（一八九〇）年までドイツに留学した。そののち井口は明治二十四（一八九一）年から明治二十六（一八九三）年まで陸大教官を務め、日清戦争で第二軍作戦主任参謀を務めたのち、陸大教官に戻り明治三十（一八九七）年に大佐へ昇進して陸大教頭となった。

このの ち井口大佐が陸軍省軍務局軍事課長（明治三十四（一九〇一）年四月八日〜）のとき、参謀本部総務部長の田村怡与造少将と激論となった。同期生のこともあって互いに譲らず、大声怒号は室外に洩《も》れ、夕刻になっても終わらず。田村は声を励まし、

「大佐の分際で少将に対し、無礼の言をはくとは何事であるかッ！」

とどやしつけると、井口は、

「階級をもって論じるのはやめよッ！　自分は軍事課長として職責上争うまでだッ！」

と応酬した。日露戦争数年前のことである。

そしてこのたび日露戦争が始まると、今度は乃木第三

満州軍高級参謀・
井口省吾少将

軍参謀長・伊地知幸介が井口省吾の口吻《こうふん》の毒牙《どくが》にかかり、大喧嘩となったのだ。

「火事と喧嘩は江戸の華《はな》」というが、つかみ合いの喧嘩にならんとするとき、良識人なら両者の間に入って双方の主張を聞き、調停案を示して穏便に納めるであろう。しかも前述のとおり伊地知の主張は現実に根差した正論であり、井口の主張は権力をバックにした暴論なのだ。「喧嘩だ。喧嘩だ」と聞いて、すっ飛んでいき、権力をバックに暴論を唱える側に加担して「そうだヤレヤレ。そこだノシちまえ」と煽《あお》ることは感心できない。しかるに司馬遼太郎は『坂の上の雲』で、六十有余年もたってから井口と伊地知の大喧嘩に首をつっこみ、権力という虎の威を借る井口の側について煽った。


司馬遼太郎が肩をもった少将・参謀本部部長の井口省吾は「自分の失敗は部下の責任、部下の戦功は自分の戦功」という自分本位の性格だった。あるときこんなことがあった。井口省吾邸を修理した大工が残土を井口邸の門前に放置したため、通行の邪魔になり、周囲から文句が出た。本来ならこういう場合、施主《せしゅ》である井口省吾が大工に注意して善後策を講ずるべきであるが、井口省吾は高札を立てて、

「この残土は井口家とは無関係であるから、井口家は一切の責任を負わない」

と主張したのである。このできごとについて、当時の週刊誌『征露戦報第二十四号』は、

「井口少将は理屈の堅塁《けんるい》なり。理数をもって立つ参謀本部内においてさえ、理屈家の異名あり。理屈ならば、いかなる人と対抗するも、必ず敵を圧伏《あっぷく》す。井口少将は、理屈において実に難攻不落なり。井口少将は、いかなる人をも畏敬《いけい》せしむる。あるとき井口少将の私邸に造作のことあり。大工ら土を門前に堆積したるまま取り除かず。少将、その土に高札を立て大書していわく。『この土は我が家のものにあらず。ゆえにその責に任ぜず』と。その口吻、はなはだ弁護士に似たり」

と報じている。

一方、根っからの薩摩士族で西郷隆盛に従った剛直な薩摩隼人《はやと》である伊地知幸介は、「部下の失敗は指揮官たる自分の責任、自分の戦功は部下の戦功」

という男らしいサムライ精神だったから、井口と伊地知は不倶戴天の敵であった。

黄海海戦における秋山真之のミス

その頃、日本海軍は旅順にいたロシア艦隊が旅順湾を出たところを全滅させることを念願していたが、ついにチャンスがきた。黄海海戦である。旅順ロシア艦隊はウラジオストクへの遁走を目指し、八月十日早朝に旅順湾を出て、戦艦部隊は旗艦「ツェザレウィチ」を先頭に十四ノットの全速力で走った。連合艦隊は速力十五・五ノットで旅順艦隊を追い、

「ツェザレウィチ」に一弾を命中させると、旅順艦隊は四分五裂となり午後七時七分に日本の勝利となった。

しかし戦艦「レトウィザン」「ポベーダ」「ペレスウェート」「セワストポリ」「ポルタワ」と巡洋艦「パラーダ」は、多数の命中弾を受け壊滅的打撃を受けながらも旅順へ戻ったため、日本海軍は残存する旅順艦隊の幻影におびえることとなった。そこで乃木軍に陸上からの旅順攻撃を求めた。本来なら、連合艦隊（速力十五・五ノット）は、黄海海戦に勝利したあと、満身創痍《まんしんそうい》のロシア戦艦（正常最高速力十四ノット）が夜間航海で旅順湾へ帰港する前に旅順へ先回りし、帰港するロシア戦艦を旅順湾前で全艦撃沈すべきだった。こうすれば、このあと行われる乃木軍の旅順攻撃はそもそも不要だった。第一艦隊司令部参謀の秋山真之の「詰めの甘さ」が、のちに旅順での乃木軍死傷者五万九千余人という膨大な犠牲をもたらすことになる。

乃木軍、旅順要塞の東北正面攻撃を命じられる

改めていうが、そもそも日本陸軍の対露作戦計画は「主力の黒木第一軍・奥第二軍が遼陽会戦でロシア軍主力を撃退する」というもので、乃木第三軍の当初の使命は、「黒木第一軍・奥第二軍が背後を襲われぬよう、旅順のロシア軍を封鎖する」ことだった。海軍が

乃木軍に旅順攻略を求めてきているのは、当初の計画にはなかったことである。

児玉源太郎参謀次長（当時）は、開戦当初、三月上旬の参謀本部の会議で「旅順竹矢来《たけやらい》論」を力説し、

「旅順は封鎖すれば充分だ。旅順に竹柵をつくるべく、竹と縄の必要量を計算させた」と数量を真面目に開陳《かいちん》し、あまりの愚策に参謀本部員たちの失笑を買った。児玉源太郎は軍政能力は優れていたが、軍事能力はこの程度の凡将であった。

砲弾には「榴散弾《りゅうさんだん》」と「榴弾《りゅうだん》」がある。榴散弾は、砲弾を時限信管により空中で破裂させ多数の散弾を撒き散らして、敵の人馬を広範囲に殺傷する散弾で、要塞の破壊や要塞下の敵兵の殺傷はできない。榴弾は、砲弾内部の爆薬を炸裂させて目標を破壊する普通の砲弾である。児玉源太郎にとって乃木軍の当初の使命は、旅順要塞から出てくるロシア兵に榴散弾の雨を降らせて押し返し、要塞内に封じ込めることであり、旅順要塞攻撃は想定外だったため、乃木軍に大砲・砲弾を充分に配分していなかった。しかも砲弾は榴散弾を主に与えていた。

旅順要塞の警戒は厳重で日本人の接近は不可能であり、実態はわからなかった。とくに二〇三高地など要塞西部は奥地であるため、どうなっているのかまった

満州軍総司令部
総参謀長・
児玉源太郎大将

くわからなかった。

しかし陸軍首脳部の間では「旅順要塞はたいしたことはない」との希望的観測が支配的で、情報を担当する参謀本部第二部は乃木軍に、

「旅順要塞は旧式野堡《やほ》（鉄条網・土盛り・空堀などによる野戦陣地のこと）に散兵壕を増設しただけで、永久築城（コンクリートなどで建造された要塞のこと）なしと思う」

との楽観的情報を与えていた。参謀本部には三井物産旅順支店筋から「ロシアは要塞防備のためセメント二十万樽《たる》を消費した」との情報が伝えられていたが、真偽を確かめる術《すべ》はなく、確証もなく、その情報は乃木軍には伝わらなかった。参謀本部は旅順攻略に自信をもち「死傷者一万人の損害を見込めば、一回の強襲総攻撃で旅順をおとせる」とし、乃木軍に、

「軍の任務上、時日を要する攻撃方法は一切避け、要塞の強弱如何《いかん》を顧みず強襲せよ」

と下命。旅順港への最短距離で一刻も早い攻略が見込まれる、旅順要塞のなかで最も堅固な東北正面を正面突破するよう、命じた。乃木軍は「急げ」という海軍と、「旅順に永久築城なし」との参謀本部に振り回され、正しい情報も与えられないなかでの作戦計画のもと、旅順攻撃を行うこととなった。

旅順第一回総攻撃

巧妙に築城された旅順要塞

前述のとおり参謀本部は一回の強襲総攻撃で旅順をおとせるとし、乃木軍に最も堅固な東北正面（望台《ぼうだい》・東鶏冠山《ひがしけいかんざん》・二龍山《にりゅう》・松樹山《しょうじゅ》）を一気に正面突破するよう要求した（図3）。参謀本部は旅順のロシア軍を一万五千人・大砲二百門と推測し、乃木軍が兵員五万一千人・大砲三百八十門を投入して強襲すれば「容易に攻略可能」と考えた。

ところが実態は、旅順要塞には永久・半永久の堡塁・砲台がひしめき、ロシア兵四万七千人・大砲六百五十門・機関銃六十二挺が配備され、堡塁と砲台は交通壕で連絡され、鉄条網は三〜四メートルの縦深をもち、周囲に地雷原が敷設されていた。

しかも、要塞の築城は巧妙だった。

要塞を包囲した乃木軍の幕僚たちは、できる限り接近して高性能望遠鏡で観察したが、砲台も堡塁も見えず、鉄条網や散兵壕が散見されるだけで、

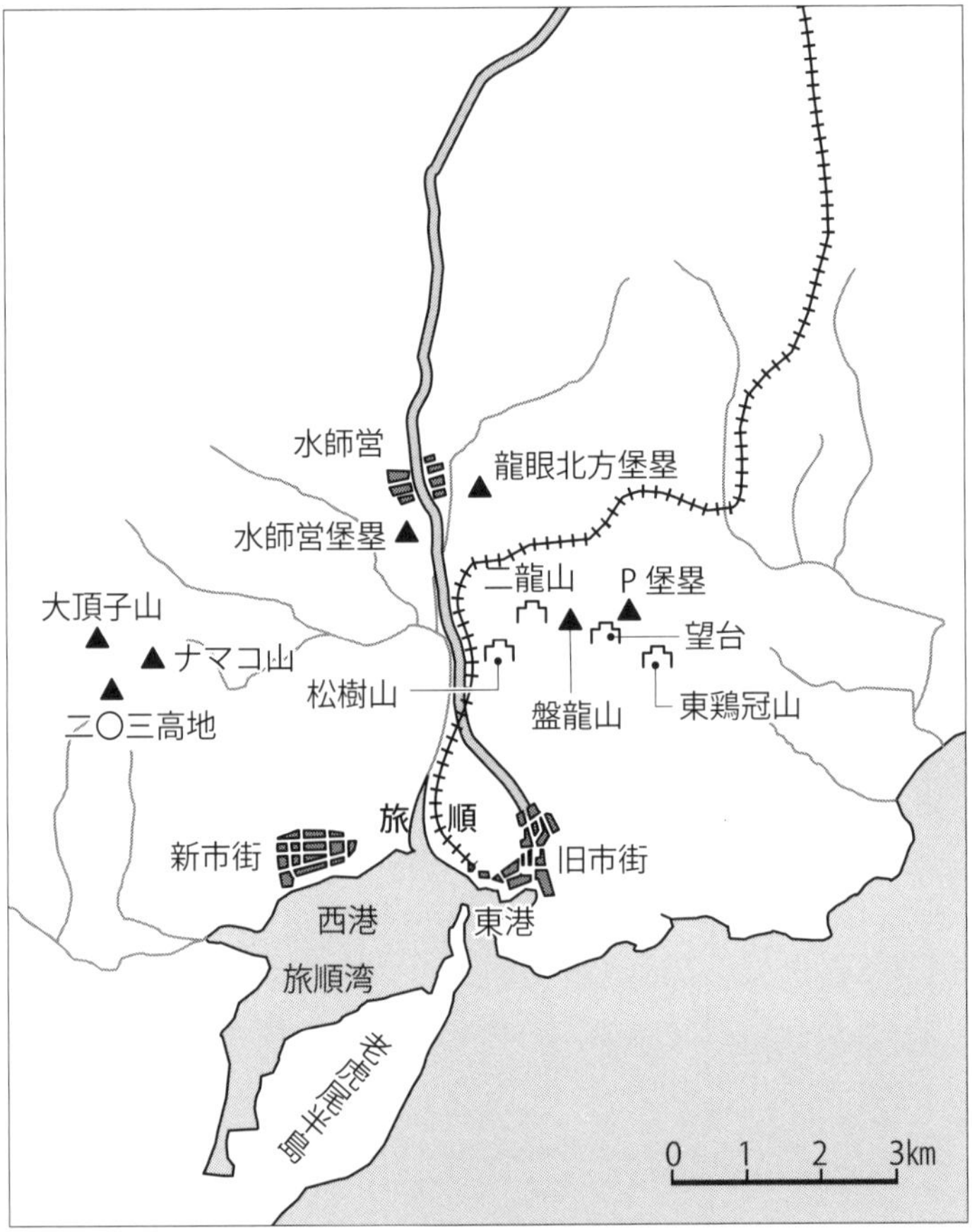
水師営
龍眼北方堡塁
水師営堡塁
二龍山
P 堡塁
大頂子山
望台
ナマコ山
松樹山
盤龍山
東鶏冠山
二〇三高地
旅　順
新市街
旧市街
西港
東港
旅順湾
老虎尾半島
0 1 2 3km

図 3：旅順要塞配備図

「旅順要塞は野戦築城に毛の生えた程度」にしか見えなかったのである。

しかしそれは、この要塞を左側手前から見ていたからであった（図4）。

大頂子山を占領

総攻撃に先立つ八月十九日、東京第一師団の後備第一連隊が旅順要塞の前哨堡塁である大頂子山《だいちょうし》を攻撃。山頂や周辺高地から集中砲撃を浴びたが、翌二十日に大頂子山を占領した。

同様の前哨戦として八月十九日夕刻、金沢第九師団・鯖江《さばえ》第三十六連隊が前哨堡塁の龍《りゅう》眼《がん》北方堡塁を攻撃した。鯖江第三十六連隊長の三原重雄《みはらしげお》大佐は機関銃六挺に射撃を命じ、砲兵が猛砲撃を加え、龍眼北方堡塁は爆煙と砂煙に包まれた。鯖江第三十六連隊は午後七時頃から前進し、鉄条網を越えて外壕《そとごう》へ降りたが、ロシア兵が斜面上の胸墻《きょうしょう》から機関銃・小銃を乱射したため、進撃も退却もできず全滅した。

奥第二軍による南山攻撃の箇所でも述べたが、狙撃は攻城側よりも守城側が有利である。鯖江第三十六連隊はロシア側四挺を上回る六挺の機関銃をもっていたが、日本軍機関銃は斜面下からの撃ち上げとなり、弾丸はロシア軍の胸墻の上へ流れがちになった。一方でロ

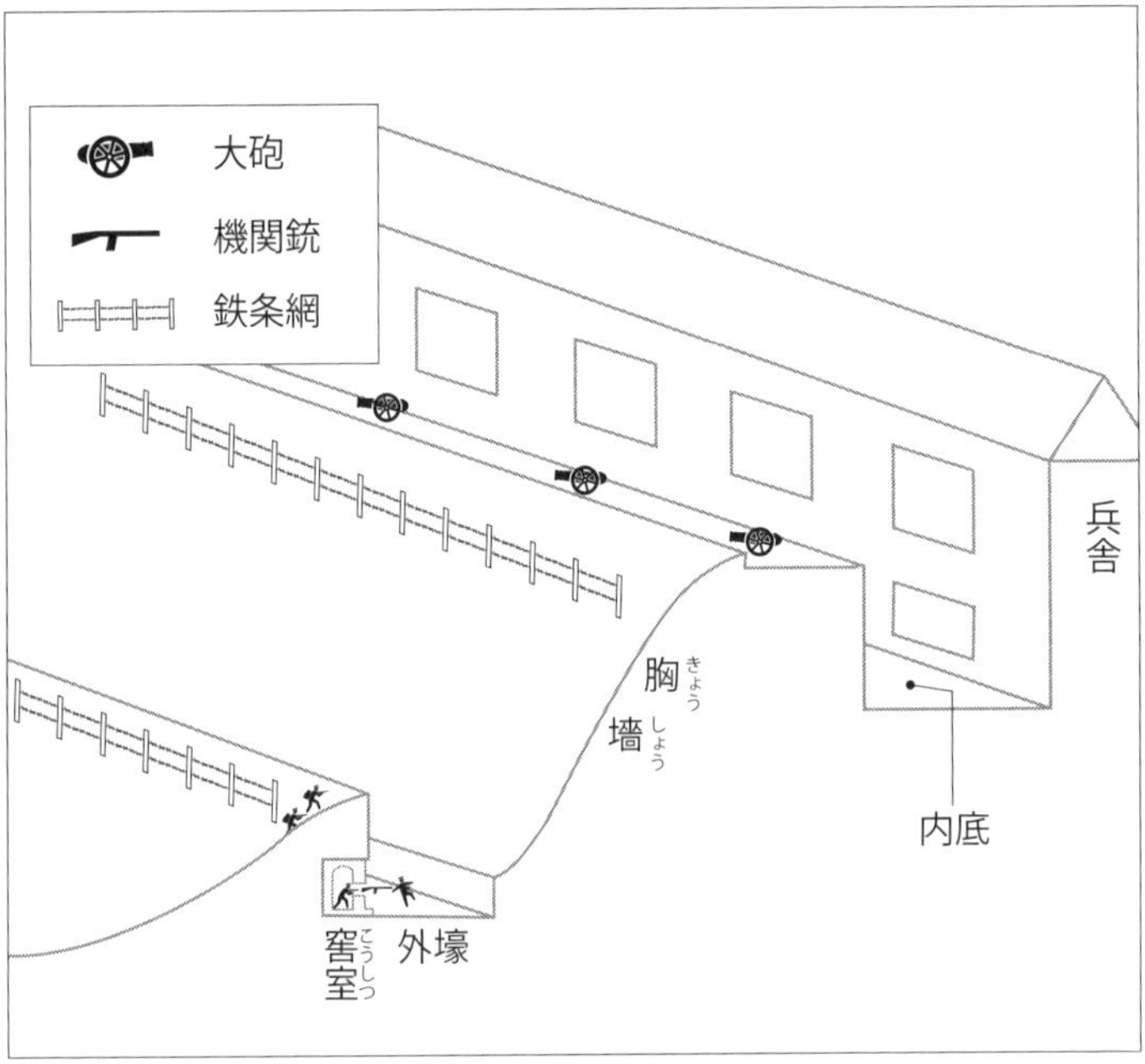

図４：東鶏冠山堡塁の構造図

シア軍の機関銃四挺は胸墻の銃眼から照準して発射するため、日本軍の機関銃六挺より圧倒的に有利だったのだ。

日露戦争時の明治陸軍と機関銃

ここで機関銃の話をしたい。

司馬遼太郎は、

「旅順攻撃を担当した乃木希典は、要塞攻撃の初期、ロシア堡塁からきこえてくる連続射撃音をきいて、

『あのポンポン言う音はなんじゃ』

と幕僚にきいたところ、あれはマキシムであります、と幕僚が答えた。ある種の機関銃が、サー・ヒラム・マキシムの発明によるため、マキシムとよばれていた。

『ああ、あれがマキシムか』

と、乃木ははじめてその音をきいた」（『坂の上の雲』「黒溝台」）

「機関銃というものをロシアはもっている。

ということを乃木軍の高等司令部は後方にあって知識として知りつつも、幕僚がみずから最前線へ出てその威力をその目で見ることを怠った。作戦者というものは敵に新兵器が

出現したばあい、みずから身を挺して前線へゆき、その猛威下でその実態を体験しなければ、作戦は机上のプランになるおそれがある」（『坂の上の雲』「旅順」）

と述べ、乃木大将も乃木軍の高等司令部も機関銃を知らなかった、と書いている。

しかし後述するが、盤龍山《ばんりゅう》堡塁へ突入した金沢連隊の兵約二百人がロシア軍の逆襲で全滅の危機に瀕したとき、突入した日本兵に機関銃二挺が届けられ、さらに敦賀《つるが》第十九連隊第五中隊が機関銃二挺を持って盤龍山堡塁内へ突入して、結果、盤龍山堡塁を占領する。盤龍山は、乃木軍の四挺の機関銃のお蔭で占領できたのである。

乃木大将が機関銃を知らなかった、とはとてもいえまい。

そもそもわが国で最初に使用された機関銃は幕末の戊辰戦争・長岡攻防戦（一八六八《慶応四》年）のとき長岡藩の河井《かわい》継之助《つぎのすけ》が長州兵を薙ぎ倒したガトリング砲である。ガトリング砲はアメリカ人ガトリングが一八六一年に開発した世界初の機関銃（手動式）で、南北戦争（一八六一年〜一八六五年）で北軍が使用して南軍を降伏させ、そののち北海道開拓使が一八七四（明治七）年に二挺を購入、西南戦争（一八七七《明治十》年）でも実戦に使用された。なお現在ガトリング砲はアメリカ軍の地上攻撃用ヘリコプターに搭載されている。

このアメリカ人マキシムが一八八四（明治十七）年に全自動式のマキシム機関銃を開発すると、明治陸軍は一八九〇（明治二十三）年に二挺を購入し、これを国産化して日清戦争（一八九四年《明治二十七》～一八九五《明治二十八》年）で使用した。

さらにフランスのオチキス（Hotchkiss）社がホチキス機関銃を開発した。マキシム機関銃（重量二十七・二キロ）は水冷式・ショートリコイル作動だったが、ホチキス機関銃（重量二十四・三キロ）は空冷式・ガス圧作動により軽量化した新型機関銃で、のちの第一次世界大戦（一九一四《大正三》年～一九一八《大正七》年）でフランス軍とアメリカ軍（西部戦線に参戦）が使用する。

明治陸軍は、日清戦争でマキシム機関銃を使用したが、機能が良くないので、一八九七年（明治三十年）にホチキス機関銃を四挺購入し、一九〇一（明治三十四）年にオチキス社から製造権を買い取り、これを改良して日露開戦二年前の一九〇二（明治三十五）年に保式機関銃として制定し、東京砲兵工廠・大阪砲兵工廠で大量生産に入り、日露戦争に投入。奉天会戦で日本陸軍は、ロシア軍機関銃五十六挺を上回る二百五十六挺を投入し、勝利に貢献した。すなわち日露戦争では、ロシア軍は旧式のマキシム機関銃（日本軍は日清戦争で使用）を使用し、日本陸軍は新式のホチキス機関銃（フランス軍とアメリカ軍が第一次世界大戦で使用）を改良した保式機関銃を使用した。

機関銃ガトリング砲

マキシム機関銃

保式機関銃を使う日本軍

両者の写真を見比べれば明らかだが、手先の器用な日本人が改良した高性能の保式機関銃のほうが、ロシア軍の旧式のマキシム機関銃より優美（？）である。こんなことは明治陸軍兵器史の基本中の基本であるから、司馬遼太郎が知らないはずがない。

しかるに乃木大将が機関銃を知らなかったというのは、司馬遼太郎の確信的なウソであるといえる。

東鶏冠山の攻略失敗

いよいよ八月二十一日午前四時、総攻撃命令が下った。

旅順要塞は、標高が最も高く全体を見渡せる中央の望台を東鶏冠山・二龍山・松樹山の三大永久堡塁が守り、東鶏冠山と二龍山の間に非永久堡塁だが重要堡塁の盤龍山が位置していた。乃木軍は東鶏冠山と盤龍山を突破して、望台を攻略しようとした。

東鶏冠山に挑んだ善通寺第十一師団では高知第四十四連隊第二大隊が東鶏冠山北堡塁に突撃し、第二大隊長の本郷源三郎《ほんごうげんざぶろう》少佐が胸に貫通銃創を受けて戦死した。陸軍幼年学校、陸軍士官学校を通じて際立った秀才だった本郷源三郎少佐は、数日前、戦場で邂逅《かいこう》した親友と薄暗い部屋にランプを灯《とも》し、飯盒《はんごう》の蓋で冷酒を汲《く》み交わしたとき、

「俺は『この戦いで死ぬ』という予感が確かにある。それも近々数日のうちだ。笑うなよ。

（明治の）御維新で良い時代になった。この時代のためなら俺は喜んで死ぬ。貴様も祝ってくれ。俺が死んだら『本郷は喜んで死んで行った』と伝えてくれ。いいか頼むぞ」と語り、東鶏冠山北堡塁の堅陣に挑んで斃れたのである。こののち善通寺第十一師団の突撃はことごとく撃退され、東鶏冠山攻略は失敗に終わった。

重要堡塁・盤龍山を攻略

東鶏冠山への攻撃は失敗したが、金沢第九師団が盤龍山を占領した。その経過は以下のとおりである。

金沢第九師団の金沢第七連隊は八月二十一日朝に盤龍山に突撃を開始したが、ロシア軍の銃砲撃を浴びて壊滅状態となり、わずかに生き残った生存兵七十余人が盤龍山堡塁前の地隙《ちげき》（鉄砲水により地表が割れて出現した隙間）や砲弾孔や窪地に散らばって身を伏せた。加勢のため進撃した金沢第三十五連隊も猛烈な銃砲撃を受けて死傷者多数。乃木大将は、日付が変わった八月二十二日午前五時頃、退却命令を下した。

このとき盤龍山堡塁の前面には、生き残った金沢第七連隊七十余人や金沢第三十五連隊の生存兵百三十余人が取り残されており、夜を待って彼らを退却させることとなった。

しかし金沢第七連隊の生存兵は戦意旺盛で、退却命令が出ても退却の意思はなく、工兵軍曹・姫野《ひめの》栄次郎《えいじろう》が、午前十時三十分頃、砲弾孔や窪地を伝ってにじり寄り、爆薬を銃眼へ押し込んで爆破。これを機に金沢第七連隊の生存兵七十余人が突撃して敵塁内へ躍り込み、金沢第三十五連隊の残兵が応援に駆けつけると、盤龍山堡塁に日章旗が上がった。

その後、ロシア軍が逆襲に転じたので堡塁内の日本兵約二百人は全滅の危機に瀕したが、盤龍山堡塁内の日本兵に機関銃二挺が届けられ、さらに敦賀第十九連隊第五中隊が機関銃二挺を持って盤龍山堡塁内へ突入し、同日午後四時頃、盤龍山堡塁を占領した。

司馬遼太郎は、この第一回総攻撃について『坂の上の雲』で、

「乃木軍がいよいよ第一回総攻撃をはじめたのは、八月十九日からであった。（中略）この攻撃が、弱点攻撃をもって対要塞戦の原則とするにもかかわらず、もっとも強靭な盤竜山と東鶏冠山をえらび、その中央を突破して全要塞を真二つに分断しようというほとんど机上案にちかい作戦をたて、実施した。

この実施によって強いられた日本兵の損害は、わずか六日間の猛攻で死傷一万五千八百人という巨大なものであり、しかも敵にあたえた損害は軽微で、小塁ひとつぬけなかった」（『坂の上の雲』「旅順」）

「乃木軍司令部のやりかたをみていると、たれの目にも無能で無茶で、それに頑迷であったし、このままでは損害のみふえ、敵要塞はびくともしていない」（『坂の上の雲』「旅順」）

と言葉を極めて乃木司令部を痛罵《つうば》している。しかし実際は、金沢第七連隊をはじめとする兵士たちの活躍もあり、ともかくも重要堡塁の盤龍山を占領していたのである。

望台の攻略失敗

金沢第九師団の盤龍山占領で望台への進撃路が開かれると、乃木大将は東鶏冠山を攻めあぐねる善通寺第十一師団から高知第四十四連隊と松山第二十二連隊を引き抜いて盤龍山堡塁へ転進させ、望台へ夜襲をかけた。

松山第二十二連隊第十二中隊を率いた櫻井忠温《さくらいただよし》中尉はロシア軍の銃撃を浴びつつ望台へ向かう途中、右腕を撃たれて関節が砕けたが、応急手当をして軍刀を左手に持ち替え、望台への斜面を登っていった。そのとき堡塁上から駆けおりて来たロシア兵の逆襲をうけ、第十二中隊は壊滅。重傷のため倒れて身動きできなくなった櫻井忠温中尉の左側に、望台へ突入して日章旗をあげたあとロシア兵の逆襲により斃れた兵士二人が死んでいた。

八月二十四日午後四時に総攻撃中止が下令され、第一回総攻撃は失敗に終わった。

以上が第一回総攻撃の顚末《てんまつ》である。

乃木軍の第一回総攻撃は、正確に記述すると、

「前哨の小塁である大頂子山を東京第一師団が占領した。東北正面の重要堡塁である盤龍

山を金沢第九師団が占領した。善通寺第十一師団の日本兵少数が要塞中央の望台へ突入したが、加勢が来なかったので撃退された」

ということである。これが最も重要な真実なのだ。

旅順第二回総攻撃前哨戦

攻撃路を掘削する

乃木大将は、第一回総攻撃失敗から六日後の八月三十日、各師団参謀長を集めて、

「今後、敵堡塁へ向けて攻撃路の塹壕を掘り進め、敵前五十メートルに突撃陣地を築き、突撃陣地の両端に機関銃を配置し、味方の支援砲撃ののち敵塁へ突撃する正攻法を採用する」

とし、正攻法を決断したと表明した。さらに九月五日、伊地知参謀長は作戦目的について、

「ロシア艦隊を砲撃するため、敵艦隊を俯瞰《ふかん》できる二〇三高地などを占領したい」

と述べた。これは伊地知が東京第一師団参謀長である星野《ほしの》金吾《きんご》大佐の提議を採用したものである。


旅順湾を見渡せる最も眺望の良い高地は望台であり、次いで眺望を確保できるのは西方の二〇三高地、三番目がナマコ山である。そこで乃木軍は、第二回総攻撃の前哨戦として、

攻撃目標をナマコ山・二〇三高地と龍眼北方堡塁・水師営《すいしえい》堡塁とし、攻撃路開削に十八日間を予定して、攻撃開始予定日を九月十七日とした（78ページ図3）。

龍眼北方堡塁は第一回総攻撃で攻略に失敗したため、乃木軍の側背に脅威をあたえていた。水師営堡塁は龍眼北方堡塁に隣接している。

この頃、東京の長岡外史参謀次長が乃木軍に二十八センチ榴弾砲を送付した。

乃木軍の攻撃路掘削《くっさく》工事は九月一日から開始。日中、工兵将校が弾雨を冒《おか》して斜面を進み、杭を打ち、糸を張る。そして夜間、二十〜三十人の兵士がロシア軍探照灯を避けながら土嚢《どのう》を担いで山腹を進み、張られた糸にそって並べて逃げ帰り、積んだ土嚢に隠れて地面を掘り進んだ。掘り出した土砂は攻撃路前に積んで胸壁《きょうへき》とした。上方のロシア軍から俯瞰射撃を浴びるので、射弾を避けるため形状はギザギザの稲妻形となった。攻撃路の先端には突撃陣地を設営した。

これはフランスの元帥ボーバンが著した『要塞攻囲論』で提唱した対要塞戦術を採用し、実行に移したものである。

九月十五日の時点で攻撃路は三本掘削された。龍眼北方堡塁の手前百メートルまでと、水師営堡塁の鉄条網前まで、そしてナマコ山堡塁の手前二百メートルまでで、それぞれ先端に突撃陣地がある。

龍眼北方堡塁・水師営堡塁・ナマコ山を占領

九月十九日夕刻、金沢第九師団が龍眼北方堡塁を、東京第一師団が水師営堡塁、ナマコ山、二〇三高地を攻撃した。

金沢第九師団は龍眼北方堡塁へ突撃を重ね、二十日午前五時三十分頃、占領した。東京第一師団は二十日午前十一時五十分に水師営堡塁を攻略。さらに二十日午後五時三十分にナマコ山を占領した。

二〇三高地の攻略には失敗した。東京第一師団は十九日夕刻から攻撃を開始したが、ロシア軍銃砲火に阻まれ、二十日も二十一日も二十二日も突撃は撃退されたのだ。

しかし乃木軍は作戦成功と判断した。四目標のうち龍眼北方堡塁・水師営堡塁・ナマコ山を占領し、ナマコ山を観測点とする敵艦砲撃で海軍への義理を果たしたからである。

九月三十日、砲床構築班長の横田穣《よこたみのる》大尉が九日間で据え付けを完了した二十八センチ榴弾砲がナマコ山からの観測で砲撃を開始し、旅順湾内の戦艦「ペレスウェート」に九発が命中。ロシア軍艦はナマコ山から死角となる白玉山沖へ移動したが、間接砲撃（目標を視認しない砲撃）を続行。十月二日から三十日までに戦艦「レトウィザン」、「セワストポリ」、「ポルタワ」、「ポベーダ」に命中弾をあたえ、ロシア軍艦は廃艦同然となった。

乃木軍はゆっくりではあるが、一歩一歩、着実に旅順攻撃を進めている。

ボーバンの対要塞戦術の成果

メッケル軍学の特徴は、軽快な機動戦を提唱したことであり、それは大平原で戦われた普仏戦争で、鈍重なフランス野戦軍を壊滅させた実例がある。しかしメッケル流ドイツ軍学には、決定的欠陥があった。それは、要塞攻略法をもたないことである。フランス軍のヴェルダン要塞やロシア軍の旅順要塞など、近代要塞を攻略する方策がまったくないのだ。

それゆえ、日本工兵はメッケル流ドイツ軍学を評価せず、土木工学理論や技術研究が進んでいたフランス陸軍を模範とした。そして旅順第一回総攻撃失敗のあと、乃木司令部の工兵科の参謀は、明治七（一八七四）年に工兵科が創設されたとき作成された坑道戦教本や海外文献類を取り寄せ、旅順の地形に合わせた設計図を引いた。そして八月三十日、工兵参謀の井上幾太郎《いのうえいくたろう》少佐・攻城工兵廠長の今沢義雄《いまざわよしお》中佐・第十一師団工兵部長の石川潔太《いしかわきよた》大佐らがボーバン対要塞戦術の正攻法を軍議にかけた。賛同者はほとんどいなかったが、乃木大将の、

「敵に補充の途《みち》なく、わが軍は補充の道を存す。ゆえに正攻の確実なるを要す」

との判断により、正攻法が採用されることとなったのである。この小田原評定は六時間に及んだ。

掘削工事全体を指揮したのは、かつて陸大の参謀旅行でメッケルから痛烈に面罵され、

激怒してメッケルに斬りかかった榊原昇造である。硬骨漢の榊原昇造は大佐・乃木第三軍工兵部長（のちに陸軍中将）になっていた。

工兵参謀・井上幾太郎少佐は、この軍議の二日後には突撃教令（マニュアルのこと）を作成し、

「突撃陣地から二本の坑道を掘り進め、敵の外壕に達したら、地下から爆破する」

と、坑道の開鑿《かいさく》なども指示した。

司馬遼太郎は、

「要塞攻撃については、すでにフランスのボーバンが樹立した大原則があった。まず、攻撃側が、攻撃用の砲台を構築することであった。（中略）ボーバンの戦術では、その攻撃用砲台をつくるだけでなく、歩兵の生命をまもるために平行壕を掘る。最後には坑道を穿《うが》って敵の外壁を地下から爆破する。それによって外壁を占領し、ついで胸墻を爆破し、しかるのちに突撃態勢に入るのが原則であり、この当時世界の陸軍における常識になっていた。

『それ以外に方法は無い』

と、ボーバンは断言していたし、欧州における多くの戦例がそれを証明していた。

もっとも、乃木軍はこの『正攻法』をとらなかったわけではない。不徹底ながらも第二

回総攻撃はこの正攻法を併用したということはすでに触れた。塹壕を掘ったり、またさまざまな方面から敵の堡塁にむかって坑道を掘ったりしたが、しかしロシアは要塞を守る戦いにかけては世界一というべき戦闘技術をもっており、この程度の幼稚な坑道作戦に対しては適切に手をうち、妨害し、このためあまり功を奏さなかった」（『坂の上の雲』「旅順」）

と書き連ねているが、実際はこの正攻法により、龍眼北方堡塁、水師営堡塁、ナマコ山を攻略し、それにより旅順湾のロシア艦隊に打撃をあたえたことは、前述のとおりである。

旅順第二回総攻撃

P堡塁を占領

話はさかのぼるが、旅順第二回総攻撃前哨戦の前日の九月十八日、満州軍総参謀長の児玉源太郎が旅順の戦況視察のため、乃木軍司令部に現れた。児玉は伊地知参謀長から今回の前哨戦について、

「ロシア艦砲撃の観測点確保のため敵艦隊を俯瞰できる二〇三高地などを主目標とする」

との説明を受けた。このとき伊地知が児玉に意見を求めると、児玉は、

「とくに意見はない」

といって伊地知の提案を承認した。そして、乃木軍は九月二十日に龍眼北方堡塁・水師営堡塁・ナマコ山を占領した。

これを確認した児玉源太郎は、大山巌総司令官に提出した九月二十八日付報告書で、

「我が軍としては、二龍山・松樹山の二堡塁を完全破壊して占領し、その一点より大突撃

を行うほか妙案なしと信ず」

と東北正面攻撃を主張。この内容は東京の山県有朋参謀総長への同日付電報で回付され、高いレベルで合意された。乃木軍に裁量権はなく、児玉の意向で、第二回総攻撃は、「東北正面の望台を突破し、旅順市街へなだれ込む本来の作戦へ復帰する」

と決まった。第二回総攻撃の開始日は十月三十日、攻撃目標は三大永久堡塁の松樹山・二龍山・東鶏冠山および非永久堡塁のP堡塁とされた（78ページ図3）。P堡塁は東鶏冠山と盤龍山の間にある重要堡塁である。攻撃担当は東京第一師団が松樹山、金沢第九師団が二龍山とP堡塁、善通寺第十一師団が東鶏冠山とされた。

攻撃準備として、夜間、ロシア軍探照灯の合間に堡塁へ向けて攻撃路を掘り進め、攻撃路の先端に突撃陣地を設けた。P堡塁への攻撃路掘進作業については、第九師団付三等軍医の日野《ひの》信次《しんじ》が

「探照灯がテラテラと来ると、ツルハシもシャベルも止め、『静かに、静かに』と大蛇に睨まれた子鼠のように息をこらす。見つかったら最後、恐ろしい銃砲火で皆殺しにあう」

と記録している。攻撃路は十月二十五日時点で、P堡塁は鉄条網の手前百六十メートルまで、松樹山は敵散兵壕の手前百メートルまで、二龍山は外壕の手前まで掘進された。

東鶏冠山への攻撃路は、当初、P堡塁などと同様、斜面を這いのぼっていたが、やがて

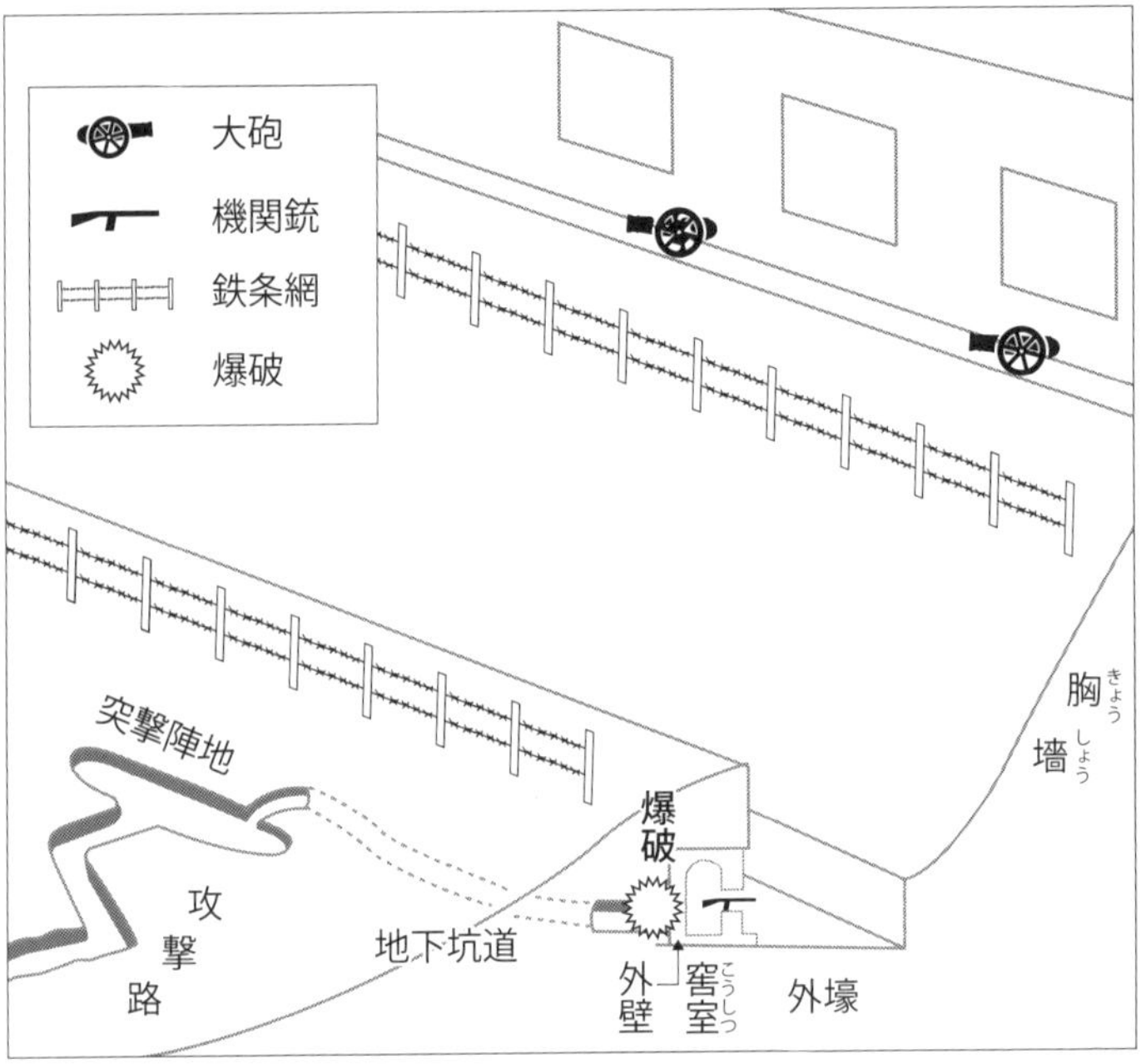

図 5：東鶏冠山堡塁への攻撃路

第二回旅順総攻撃時の東鶏冠山堡塁への攻撃路

斜角が激しくなったので地下坑道へ移行し、十月二十七日には要塞の地下外壁へ到達した（図5）。

しかしこの外壁は厚さ二メートルのベトン（仏語でコンクリートのこと）壁で、工兵による爆破作業は成功せず、東鶏冠山へは歩兵が外壕を乗り越えていくしかなくなった。

十月二十六日以降、砲撃を行った。松樹山に約七百発、二龍山に約千百発、東鶏冠山に約千二百発の二十八センチ榴弾砲弾を撃ち込むと、ロシア軍陣地は爆煙に包まれて壮大な土煙を上げた。乃木軍司令部は「目標は破壊され歩兵の突撃は容易」と判断した。

そして十月三十日午後一時、第二回総攻撃が開始された。

東京第一師団が挑んだ松樹山の外壕は深さ七・五メートル。突撃隊員は土嚢を投げ込んで壕底へ飛び降り、反対斜面を登ろうとしたが、機銃掃射を浴びて全滅。

二龍山へ向かった金沢第九師団は外壕を埋めるべく土嚢を投入したが、量が少なくて埋めるに至らず。ロシア軍の銃撃で死傷者が続出し、外壕を渡れず後退した。

東鶏冠山を攻撃した善通寺第十一師団は、携帯橋で外壕を渡ろうとしたが、三方から銃砲火を浴びて全員死傷。外壕を越えることはできなかった。

P堡塁を攻撃する金沢第九師団は、匍匐《ほふく》前進した工兵がロシア軍鉄条網に爆薬筒を投げ入れて幅約二十メートルの間隙を開削。突撃隊が、開削された間隙を通ってP堡塁へ突入した。夜に入ってロシア兵三百余人が逆襲に転じると突入隊員は苦境に陥ったが、一戸《いちのへ》兵衛《ひょうえ》第六旅団長がみずから突撃し、十月三十日夜十二時頃、P堡塁を占領した。P堡塁は、一戸兵衛の軍功を記念して、一戸堡塁と命名される。

一戸兵衛の軍功を記念した
一戸堡塁（P 堡塁）の石碑

しかし夜が明けた三十一日午前八時、攻撃中止となり、第二回総攻撃は失敗に終わった。

「要塞が微動だにしない」というウソ

この第二回総攻撃について、司馬遼太郎は『坂の上の雲』で、

「乃木軍はその攻撃法を変えず、第二回目の総攻撃をやった。おなじ結果が出た。死傷四

愛読者カード

ご購読ありがとうございました。今後の参考とさせていただきますので、ご協力をお願いいたします。また、新刊案内等をお送りさせていただくことがあります。

【1】本のタイトルをお書きください。

【2】この本を何でお知りになりましたか。

1.書店で実物を見て　2.新聞広告(　新聞)
3.書評で(　)　4.図書館・図書室で　5.人にすすめられて
6.インターネット　7.その他(　)

【3】お買い求めになった理由をお聞かせください。

1.タイトルにひかれて　2.テーマやジャンルに興味があるので
3.著者が好きだから　4.カバーデザインがよかったから
5.その他(　)

【4】お買い求めの店名を教えてください。

【5】本書についてのご意見、ご感想をお聞かせください。

●ご記入のご感想を、広告等、本のPRに使わせていただいてもよろしいですか。
□に✓をご記入ください。　□ 実名で可　□ 匿名で可　□ 不可

郵便はがき

切手をお貼りください。

102-0071

東京都千代田区富士見
一―二―十一
KAWADAフラッツ一階

さくら舎 行

住所	〒 都道府県		
フリガナ		年齢	歳
氏名		性別	男　女
TEL	(　　　)		
E-Mail			

さくら舎ウェブサイト　www.sakurasha.com

千九百人で、要塞は微動だにしない」（『坂の上の雲』「旅順」）

「この突撃は、いたずらに人間を敵のベトンに投げつけただけにおわった」（『坂の上の雲』「旅順」）

「十月二十六日にも総攻撃をくりかえしたが、いずれも惨憺たる失敗におわった。作戦当初からの死傷すでに二万数千人という驚異的な数字にのぼっている。

もはや戦争というものではなかった。災害といっていいであろう」（『坂の上の雲』「旅順総攻撃」）

と述べている。この記述には、金沢第九師団が苦戦のすえ非永久堡塁だが重要堡塁のP堡塁を占領し、P堡塁は一戸兵衛の栄誉をたたえて一戸堡塁と命名されたことがすっかり抜け落ちている。

これは第二回総攻撃のハイライトであり、シロウトの歴史愛好家ですら知っているエピソードである。

旅順第三回総攻撃

東北正面攻撃に固執した児玉源太郎

児玉源太郎は第三回総攻撃の目標も、東北正面の松樹山・二龍山・東鶏冠山と決めた。

そもそも前述のとおり当初の対露作戦計画は「主力の黒木第一軍・奥第二軍が遼陽でロシア軍主力を撃退する」というもので、乃木第三軍の使命は竹矢来でもつくって旅順ロシア軍を封鎖しておくことだった。そののちバルチック艦隊の来航を恐れた海軍が八月上旬までに旅順を攻略するよう乃木第三軍に要求したので、乃木第三軍は第二回総攻撃前哨戦で九月二十日にナマコ山を占領し、ナマコ山を観測点とした砲撃で湾内のロシア軍艦を廃艦同然とし、海軍の要望にこたえた。

しかし満州北方ではロシア軍が急速に増強され風雲急を告げてきたので、黒木第一軍・奥第二軍に加勢すべく第四軍（司令官野津道貫大将）が明治三十七（一九〇四）年六月に編制された。

そして総参謀長・児玉源太郎は、乃木第三軍に、

「東北正面を主攻して大突撃により旅順要塞を完全に破壊したうえ、乃木軍が北進する」

ことを要求した。すなわち乃木軍の使命は、
一、当初は、竹矢来でもつくって旅順ロシア軍を封鎖しておくことだったが、
二、次に海軍のため、ナマコ山など高地を観測点としてロシア軍艦を砲撃したうえ、
三、東北正面を主攻して旅順要塞を完全に破壊し、北進してロシア野戦軍と戦うよう、
開戦後に要求が三段階にエスカレートしたのである。


一方、海軍は、児玉源太郎の東北正面（松樹山・二龍山・東鶏冠山）攻撃に強い不満をもち、十一月五日、伊集院《いじゅういん》五郎《ごろう》海軍軍令部次長が長岡外史陸軍参謀次長に、

「バルチック艦隊は年内にも極東へ来航するので、いますぐ旅順を攻略してほしい」

と訴え、長岡参謀次長は井口省吾満州軍高級参謀に、十一月六日付電信で、

「二〇三高地を占領して、観測所を設け、旅順湾内のロシア軍艦を砲撃すべき」

との意見を伝えた。しかし井口を通じて長岡の意向を聞いた児玉源太郎は、山県有朋参謀総長への十一月七日付返電で、

「作戦の根本計画を変更して（乃木軍が）二〇三高地攻略を主旨とするを欲せず」

と拒否した。そこで東京の山県参謀総長・長岡参謀次長・伊東祐亨軍令部長・伊集院軍令部次長は、十一月九日午前一時発の参謀総長電報で、満州の大山巌総司令官に、

「乃木軍は二〇三高地を主攻し、観測所を設けて、敵艦を砲撃すべし」

と要望したが、児玉源太郎は大山巌総司令官名の十一月九日付電信にて、

「二〇三高地は、旅順の死命を制するものにあらず。(乃木軍の)東北正面攻撃計画を変更し攻撃目標を二〇三高地など他に選定する余地は存せず。現在の計画に従い、(乃木軍に)東北正面攻撃を鋭意果敢に実行せしむるを最捷径《さいしょうけい》とす」

とキッパリ拒絶した。

そこで長岡外史は山県有朋に意見具申して十一月十四日に御前会議を開催し、大山巌に、電信で通達した。

「乃木軍に二〇三高地を攻略させ、ロシア軍艦を砲撃させるよう」

しかし大山巌は御前会議決定に従わず、十一月十六日付返電で、

「望台を攻略する。攻撃力を二〇三高地と望台に二分すれば、いずれも落とせない」

と回答。二〇三高地への攻撃目標変更を拒否した。

このことについて司馬遼太郎は『坂の上の雲』で、左のように述べている。

「乃木軍幕僚たちが会議をするたびに、

『海軍はあせりすぎている。陸軍には陸軍のやり方があるのだ』

と、問題を、大戦略という高次元から、陸海軍対立という低次元へひきさげてしか、物事を考えたり言ったりすることができなかった。そのために海軍が主張しつづけている二〇三高地への主力攻撃を乃木軍司令部は拒否しつづけてきた」（『坂の上の雲』「旅順総攻撃」）

「乃木軍の作戦のまずさとそれを頑として変えようとしない頑固さは、東京の大本営にとってはすでにがんのようになっていた。事は簡単なはずであった。

『攻撃の主力を二〇三高地にむければよいのだ。それだけのことが、なぜできないのか』

ということである。二〇三高地さえおとせばたとえ全要塞が陥ちなくても、港内艦隊を沈めることができ、旅順攻撃の作戦目的は達することができるのである。兵力を損耗することもよりすくなくてすむであろう。

『二〇三高地を攻めてくれ』

と、大本営ではさまざまな方法で、乃木軍司令部にたのんだ」（『坂の上の雲』「旅順」）

「海軍にすれば二〇三高地の頂上に立てば旅順港を見おろせる。そこに観測兵を置いて港内の軍艦を海軍重砲で砲撃すればそれで旅順の残存艦隊は消える。東郷艦隊はそれでやっと佐世保に帰ってドックに入り、バルチック艦隊を待つ準備ができるのである。が、乃木軍はそれを承知しない」（『坂の上の雲』「旅順」）

「『攻撃の主目標を、二〇三高地に限定してほしい』

という海軍の要請は、哀願といえるほどの調子にかわっている。二〇三高地さえおとせばいい、そこなら旅順港を見おろすことができるのである。大本営（陸軍部）参謀本部もこれを十分了承していた。参謀総長の山県有朋も、よくわかっていた。

ただ現地軍である乃木軍司令部だけが、

『その必要なし』

と、あくまでも兵隊を要害正面にならばせ、正面からひた押しに攻撃してゆく方法に固執し、（中略）無意味に死地へ追いやりつづけている。無能者が権力の座についていることの災害が、古来これほど大きかったことはない」（『坂の上の雲』「旅順総攻撃」）

つまり、攻撃目標を二〇三高地へ変更しないのは乃木司令部である、と主張した。

しかしもうおわかりのとおり、これは史実に反する真っ赤なウソである。二〇三高地への攻撃目標変更を拒否し東北正面攻撃方針を断固として改めなかったのは、児玉源太郎と大山巌だったのだ。

乃木更迭論、起こる

この明治三十七（一九〇四）年十一月頃、長引く旅順攻略戦に業を煮やした日本国内で「乃木を更迭すべし」という声が沸き上がった。

内地、とくに東京第一師団お膝元の東京の街では、戦死の通知を受けて黒布付き国旗を掲げる家庭が異常に増加。補充兵の召集が絶え間なく、若い男子が減って人力車の車夫は老人ばかりとなり、「乃木切腹」「乃木辞任」を要求する文書は二千四百余通にのぼった。

こうしたなか、満州軍高級参謀の井口省吾は、旅順第三回総攻撃開始（十一月二十六日）の三日後、参謀次長の長岡外史に、

「旅順の始末つきたる後の（乃木）第三軍の処置については、（児玉源太郎）総参謀長においてもご同感に候。第三軍の司令（司令官乃木希典、参謀長伊地知幸介）は本国へ帰還せしめて復員・解散せしめ、北方のためには新たに司令部を起こすのが宜《よろ》しかるべき」

（『長岡外史関係文書　書簡・書類編』）

との書簡を送って、旅順陥落後に乃木軍司令部を総入れ替えすべき、と主張した。

乃木大将、二〇三高地へ攻撃目標を転換

これより十八日前の十一月十一日、旭川第七師団が乃木軍に増派されることになった。

乃木軍司令部で、第三回総攻撃八日前の十一月十八日、各師団長が会すると、各師団長は旭川第七師団増派を恥辱とし「死力を尽くしての旅順攻略」を誓った。とくに金州・南山戦、旅順攻防戦で膨大な犠牲を払い、眼前で多数の部下が斃れゆく姿を見て精神の変調をきたした第一師団長松村務本《まつむらかねもと》（旅順攻略一ヵ月後の明治三十八〈一九〇五〉年二月四日に脳溢血《のういっけつ》により五十四歳で急死する）が、重苦しい雰囲気のなかで、

「東京第一師団を基幹とする三千百余人の夜襲決死隊を編制し、敵味方識別のため白木綿の襷《たすき》をかけ小銃を射撃せず銃剣のみで松樹山を突破し水師営南方から旅順市街へ突入する」

という無謀な肉弾突撃戦術を意見具申した。のちに白襷《しろだすき》隊とよばれる部隊である。この無謀すぎる突撃戦術に乃木軍幕僚の誰も賛同しなかったが、他に手立てもなく、気運に流されて決定された。

第三回総攻撃は十一月二十六日午後一時に開始された。

東京第一師団は松樹山へ、金沢第九師団は二龍山へ、善通寺第十一師団は東鶏冠山へ、敵前数十メートルに設営された突撃陣地から一斉に突撃した。

松樹山を攻撃する東京第一師団は外壕へ降りて胸墻へ迫ったとき、小銃の乱射を浴びて死傷多数。猛烈な銃砲火に身を伏せるばかりとなった。

二龍山を攻撃した金沢第九師団は外壕へ達するまでに銃砲撃を浴びて死傷者が続出し、敦賀第十九連隊が全滅した。

東鶏冠山へ突撃した善通寺第十一師団の攻撃も失敗。

総攻撃が頓挫した同日夜、白襷隊が夜襲し鉄条網を越えて敵散兵壕へ突入したが、探照灯に照射され一瞬のうちに撃ち殺され、日付が変わった二十七日午前一時頃、壊滅した。

乃木大将は、白襷隊壊滅が判明した二十七日払暁、攻撃目標を二〇三高地へ変更しようと企図し、東京第一師団に、

「二〇三高地攻撃に成功の目処《めど》はあるか？」

と問うた。すると以前から二〇三高地主攻論者だった第一師団参謀長の星野金吾大佐が、

「いままでの攻撃は、二〇三高地攻撃のため強大な牽制《けんせい》（フェイント攻撃のこと）を行ったように見える。いまから二〇三高地を攻撃すれば、成功の見込みは充分にある。重砲の準備が整えば、第一師団はただちに突撃を敢行したい」

と即答した。乃木大将はこれを受けて、二十七日午前十時、

「二〇三高地を攻略せんとす。第一師団は日没から突撃すべし」

と攻撃目標変更を命じ、二十八センチ榴弾砲が猛砲撃を開始した。児玉源太郎の東北正

面主攻論を覆《くつがえ》したのである。

後備第十五連隊の活躍

二〇三高地は、山頂が西南部と東北部と二つあり、鉄条網・散兵壕を敷設して堡塁化されていた。乃木軍は二十八センチ砲弾八百発、十五センチ砲弾三百発を撃ち込み、ロシア軍散兵壕の約半分と山頂西南部の横墻《よこしょう》すべてを破壊した。

二十八日、東京第一師団の後備第十五連隊が先鋒となって鉄条網を越え、斜面を押し登り山頂西南部を占領した。後備連隊とは、現役兵を勤めあげたあと予備役（いわば補欠）になったのち、緊急時に後備兵として再召集された、年配の兵により構成された部隊である。当時の徴兵制では、満二十歳で徴兵検査に合格すると現役兵（三年間）となり、そののち予備役（四年間）となる。予備役を終えた者は後備兵（期間五年）となり緊急時に召集された。後備兵は作戦部隊としては期待されず、後方警備・捕虜監視などの役割を与えられた。

「妻子持ちの者も多く、血気盛んな現役兵のような果敢な戦闘はできない」

とされていた。いわば補欠の補欠である。

軍隊で最も重要なのは敵陣に斬り込む先鋒部隊だから、後備連隊が先鋒に投入されることはまずない。しかし東京第一師団は、前述のとおり金州・南山戦やこれまでの旅順攻撃で精鋭がほとんど斃れ、兵力不足になっていた。そのため、補欠の補欠である後備連隊が二〇三高地攻撃の先鋒となり、山頂西南部を占領する殊勲を挙げたのだ。

後備第十五連隊の加勢のため、東京第一師団・東京第一連隊の第一次突撃隊が午後一時四十分に突撃した。これはなけなしの現役兵の精鋭部隊である。東京第一連隊旗手兼記録係の猪熊敬一郎《いのくまけいいちろう》少尉（肺結核により二十八歳で死去する）はこの模様を、

「突入すべき決死隊を募《つの》ったが、みずから申し出る者は居ない。仕方ないから指名したのである。壕を出れば、即ち、死である。国のため捧げた身体なので死は覚悟している。しかし攻略成功が覚束《おぼつかな》無い死は、心細いではないか。肉体を弾丸に代えて、鉄と火の中へ突入するのである。指名された者は、『自分が死んだら、これを何処へ送ってくれよ』などと、戦友に仔細に頼んで出撃して行った」（『鉄血』）

と記録している。第一次突撃隊は、

「突撃隊ッ！　前へッ！」

と号令が掛かると、突撃陣地から飛び出し、鉄条網までの数十メートルを驀進《ばくしん》し、ロシア軍の機関銃・小銃の乱射を浴びて全滅した。この様子は、

「ああ惨劇！　虐殺以上の惨劇！　敵の鉄条網に至る数十メートルの地面は瞬時に、わが

兵の死体を以って蔽われ、尺寸の地も余さざるに至った。正視するに忍びず。眼を掩《おお》いて戦慄した。これは人間の世界ではない。眼に見えるものは血と火である」（『鉄血』）

と記録されている。

東京第一連隊の突撃は失敗に終わり、山頂西南部で切に来援を待ち望んでいた後備第十五連隊は、日付が変わった二十九日午前零時三十分頃、ロシア兵の逆襲を受け潰滅した。

東京第一師団は、ついに兵力を喪失して全滅状態となり、戦闘力を失ったのである。

二〇三高地の眺望はいつわかったか

乃木大将は、新着の旭川第七師団に東京第一師団の残兵を組み入れ、旭川第七師団は翌三十日に夜襲を敢行し、山頂の西南部と東北部を占領した。しかし日付が変わった十二月一日午前一時頃、ロシア兵の逆襲を受けて山頂東北部から撃退された。

いまなお確保しているのは、山頂西南部だけである。

作戦指導のため乃木司令部に到着した児玉源太郎が、十二月二日午後三時頃、山頂西南部へ参謀の白水淡《しろうずあわし》中佐と同じく参謀の岩村団次郎《いわむらだんじろう》中佐を派出。両中佐が山頂西南部へ至って観望すると、湾内にロシア軍艦がくっきりと見えた。児玉源太郎は二〇三高地の完全占領を決意し、重砲の移動など砲撃準備を下命。十二月五日、旭川第七師団は残存総兵力を率いて突撃し、午前十時に山頂西南部へ突入し、さらに午後一時四十五分に山頂東北部も占領した。

そこで、山頂に観測所を設けて、二十八センチ榴弾砲で旅順湾を砲撃すると、戦艦「ポルタワ」「レトウィザン」「ペレスウェート」「ポベーダ」、巡洋艦「パラーダ」が沈没し、湾内の旅順艦隊は壊滅する。

司馬遼太郎は、これまで何度も繰り返して、

「二〇三高地さえおとせば、ロシア艦隊を沈めることができ、作戦目的は達する」

とわめきちらし、乃木司令部を罵倒した。しかし、

「二〇三高地からロシア艦隊がはっきり見えるか、否か」

は、占領してみるまでわからない。旅順湾を見渡す最も眺望の良い高地は東北正面の望台であり、次が二〇三高地で、第三位がナマコ山である。そこまではわかっている。

しかし二〇三高地の眺望が、第一位の望台に匹敵する優れた眺望なのか、第三位のナマコ山と同程度の限られた眺望なのか。これは占領してみなければわからない。もし、

「二〇三高地を主攻して、占領してみたが、眺望はナマコ山とさほど変わらない」

という結果だったら大ヤラレだ。しかるに司馬遼太郎は「二〇三高地の眺望は望台のよ

うに優れているはずだ」と勝手に決めつけた前提をおいて、「二〇三高地さえおとせば港内のロシア艦隊を沈めて作戦目的は達する」と断定した。こういう安易かつ無責任な姿勢で、兵隊の生命がかかっている軍事や戦争を論じることは不謹慎である。

二〇三高地占領時のことについて、司馬遼太郎は、

「児玉は、二〇三高地占領がほぼ確定した（著者注：十二月五日）午後二時、みずから有線電話にとりつき、山頂の将校にむかって電話した。

『旅順港は、見おろせるか』

この点、ながく疑問とされてきた。（中略）受話器に、山頂からの声がひびいた。

『見えます。各艦一望のうちにおさめることができます』

児玉は受話器をおろした。かれの作戦は奏功した。あとは、山越えに軍艦を射つことであった」（『坂の上の雲』「二〇三高地」）

と述べている。すなわち司馬も、二〇三高地から旅順湾内のロシア軍艦がくっきりと見えることがわかったのは乃木軍・旭川第七師団が二〇三高地を占領した十二月五日のことだと書いているのである。

ここで私は、司馬遼太郎に次の質問をしたい。

「ながく疑問とされてきた『旅順港は見おろせるか』という問題は、二〇三高地占領がほぼ確定した午後二時、山頂の将校からの声が受話器にひびいて、わかったんですよね。それなのに、なぜ貴殿は二〇三高地占領以前から『二〇三高地さえおとせば旅順港を見おろすことができる。港内艦隊を沈めて作戦目的は達する』と断定なされたのですか？」

と。

コンドラチェンコ少将を斃した二十八センチ榴弾砲

司馬遼太郎は、二十八センチ榴弾砲について、『坂の上の雲』で、

「伊地知はこの二十八サンチ榴弾砲の使用法を、十分に研究しなかった。ふつうの攻城砲のようにして使ったから、敵に対し、心理的な脅威はべつにして実際効果はすくなかった。本来、港内の軍艦を撃つことにつかうべきであるのに、要塞に対する射撃につかったのである。この砲がいかに巨砲であっても、要塞の上にかぶった土砂を大きく舞いあげるだけであった」（『坂の上の雲』「沙河」）

と述べ、二十八センチ榴弾砲は要塞に対して無力だった、と主張している。

これは支離滅裂・荒唐無稽・デタラメというほかない。というのも、二十八センチ榴弾砲は、旅順ロシア軍における最も優秀な指揮官であり最大の闘将であり、最強硬の主戦派

コンドラチェンコ少将の慰霊碑

だったコンドラチェンコ少将を爆殺し、旅順開城への道を開く戦略的成果を挙げた殊勲の大砲だからである。

旅順要塞陸正面防衛司令官コンドラチェンコ少将は、十二月十五日午後七時三十分頃、ロシア将兵激励のため堅固に構築された東鶏冠山北堡塁へ入り、地下士官室で、戦功あった兵士に勲章を授与し表彰した。そのとき二十八センチ砲弾が飛来し、東鶏冠山北堡塁の地表を貫いて爆裂。コンドラチェンコは即死した。

コンドラチェンコはつねに最前線に立ち、下士官・兵士らと会話を怠らず、将兵の人気も高く、よく将兵を掌握して防戦を指揮し日本軍を苦しめた名将だった。二十八センチ榴弾砲は、このコンドラチェンコを爆殺して旅順開城への道を開いたのだ。

コンドラチェンコは陸軍工兵大学校を卒業した築城術・要塞戦の専門家で、日露開戦直前に旅順へ赴任すると、大量のベトンを投入して旅順要塞を世界有数の大要塞に変貌させた。児玉源太郎が固執した東北正面攻撃は、じつはコンドラチェンコの要塞強化工事によって、不可能なものとなっていたのだ。

しかし頑強に抵抗して乃木軍を苦しめた旅順ロシア軍のなかで、最も早い段階で、

「もはや旅順要塞の命運は尽きた」

と判断したのもコンドラチェンコであった。九月十九日からの第二回総攻撃前哨戦で、ナマコ山を占領した乃木軍が二十八センチ榴弾砲の砲撃を開始したとき、コンドラチェンコの懸念は確信的なものとなった。コンドラチェンコは、

「自分が堅固な大要塞へ変貌させた旅順要塞の掩蓋の厚さは、当時最大の十五・二センチ野砲を想定して設計したもので、二十八センチ砲弾には耐えられない」

ことを知っていたからである。ここが最も重要な点だ。その懸念もむなしく、コンドラチェンコは二十八センチ榴弾砲に斃れることとなった。

東鶏冠山、二龍山、松樹山を占領

二〇三高地を占領して旅順湾内のロシア軍艦を全艦沈没させた以上、旅順要塞への攻撃を急ぐ必要はなかった。乃木大将は、十二月十日、今後の方針を、

「多少の時日を費やすも、確実な方法で、我が損害を減じ、朝に一塁を、夕べに一塁を奪って、逐次《ちくじ》、各堡塁を攻略する」

とし、敵堡塁を地下坑道から爆破するボーバンの正攻法を着実に進めた。

善通寺第十一師団は、十二月十八日、東鶏冠山堡塁直下へ掘進した地下坑道にダイナマイトを装塡し起爆すると、東鶏冠山は噴火したように噴煙が突出。ロシア軍の胸墻・大砲が空中高く舞い上がると、第十一師団はただちに突撃し東鶏冠山を陥落させた（図6）。金沢第九師団は、十二月二十八日、二龍山の直下に至った十本の地下坑道で二千七百キロの爆薬を使い、爆破。ロシア兵多数が生き埋めとなり、二龍山堡塁を占領した。東京第一師団は十二月三十一日に松樹山堡塁を爆破。土砂・爆煙が噴出し鉄条網・胸墻が吹き飛ぶと、突撃隊が爆煙を上げる爆破孔へ突入し、松樹山堡塁を占領した。

このように乃木軍は、第一次総攻撃失敗の四カ月後には三大永久堡塁の東鶏冠山・二龍山・松樹山堡塁を、ボーバンの正攻法にもとづき、直下へ掘り進んだ地下坑道からの爆破で陥落させた。

しかるに司馬遼太郎は『坂の上の雲』で、

「要塞攻撃における『正攻法』というのは、砲兵と工兵が主役であった。工兵は坑道を掘ってゆき、敵の堡塁下まで掘ってそれを爆破するのである。戦後、

――要塞攻撃は正攻法しかない。

という思想が生まれ、明治三十九（一九〇六）年十月、小倉練兵場において坑道演習がおこなわれた。（中略）攻撃軍がついに爆破予定の地点にまで掘進して爆破をおこなった

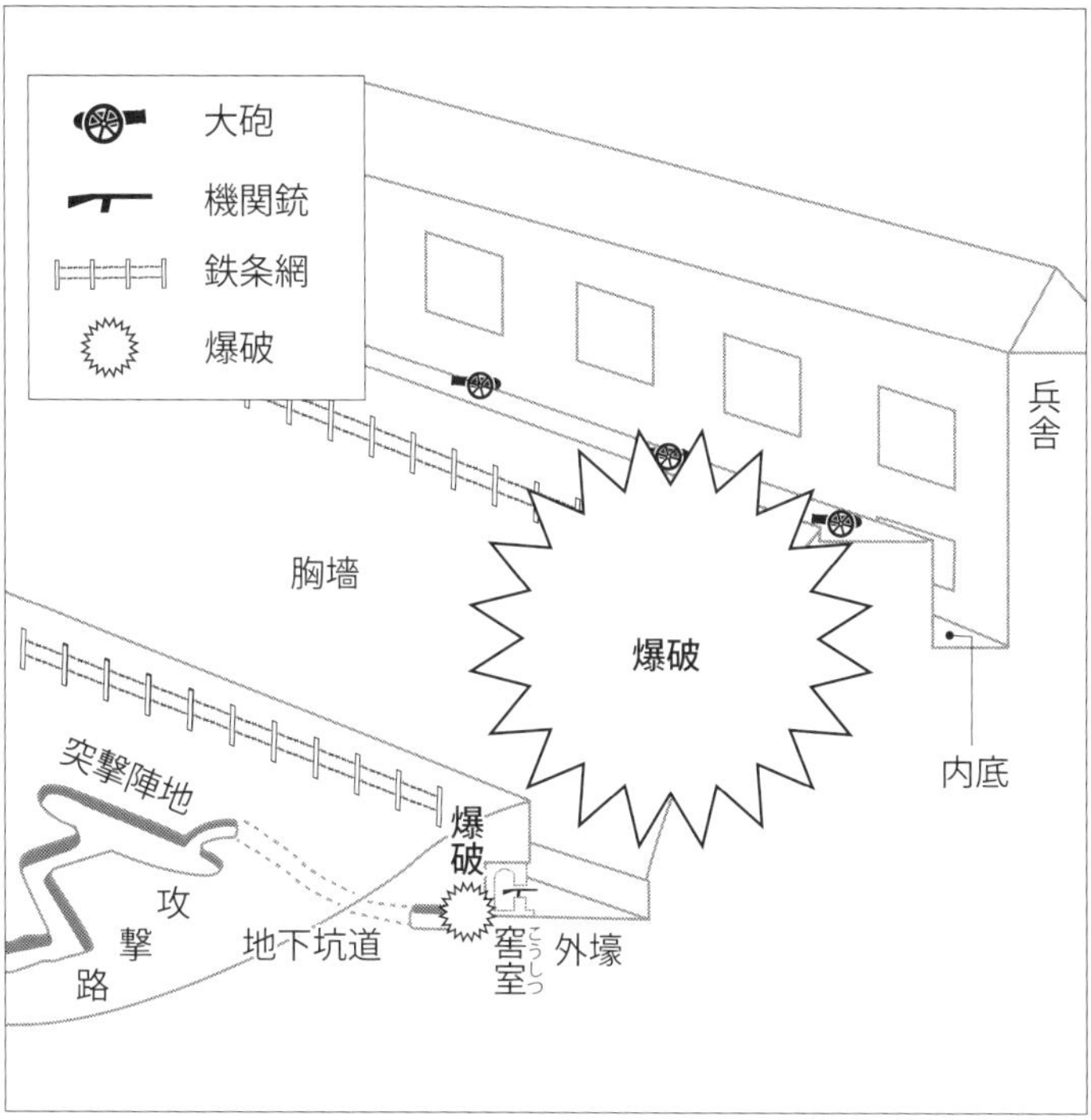

図６：東鶏冠山の胸墻爆破

とき、大地を吹きあげて陽が暗くなるほどに壮観であった。これだけの技術が工兵にあれば、旅順であれほどのむだ死を出さずともすんだかもしれない。乃木希典はこの小倉における演習を見学しているが、かれがこれを見てなんと思ったかについては記録はない」（『坂の上の雲』「あとがき四」）

と述べ、乃木大将は坑道を掘って地下から爆破するボーバン戦術を知らずまた採用せず、ボーバン戦術は日露戦争後にその思想が生まれた、との趣意を主張した。しかし、読者の方々はもうお気づきだろうが、これはまったくのウソである。

前述のとおり乃木軍はボーバンの要塞爆破戦術を用いて、明治三十七（一九〇四）年十二月十八日以降、東鶏冠山・二龍山・松樹山を爆破・占領した。要塞爆破を指揮したのは、もちろん乃木大将であり、その指揮下にあった乃木第三軍工兵部長の榊原昇造大佐である。すなわち、

「乃木軍が、第一回総攻撃失敗の六日後に第二回総攻撃前哨戦のためボーバンの正攻法を採用して攻撃路を掘削し、その四ヵ月後に旅順の三大永久堡塁である東鶏冠山堡塁・二龍山堡塁・松樹山堡塁を堡塁直下へ坑道を掘り進んで地下から爆破し陥落させた」

という史実を、司馬遼太郎はまったく無視している。

ボーバン戦術を採用し、東鶏冠山・二龍山・松樹山を地下から爆破して陥落させた乃木

東鶏冠山の胸墻爆破の写真
（明治 37 年 12 月 18 日午後 2 時）

二龍山爆破の写真
（明治 37 年 12 月 28 日）

松樹山爆破の写真（明治 37 年 12 月 31 日午前 10 時 4 分撮影）

大将にとって、日露戦争終戦翌年に行われた小倉練兵場における坑道演習を見ても、

「二年前の東鶏冠山・二龍山・松樹山の爆破を思い出すなあ」

という以外になんの感想があろうはずもない。

望台を攻略、旅順陥落

乃木大将は肉弾突撃を厳禁したが、明治三十八（一九〇五）年一月一日午前七時三十分、第九師団・金沢第三十五連隊第三大隊長の増田《ますだ》惟二《これつぐ》少佐は静まりかえる望台を観望し、

「獲《と》れる！」

と直感して突撃。第十一師団も突撃すると同日午後三時三十分に望台に日章旗が翻《ひるがえ》った。その一時間後、乃木軍の前哨へ旅順要塞司令官ステッセル中将の軍使が訪れ、降伏を申し出た。旅順第一回総攻撃（明治三十七〈一九〇四〉年八月二十一日～）が始まって四ヵ月半後のことである。一月五日に旅順近郊の水師営で乃木と会見したステッセルは、日本砲兵の二十八センチ榴弾砲の威力と、乃木軍工兵部長・榊原昇造大佐ら工兵の果敢を称賛した。


旅順開城の報は、ただちに乃木軍の全将兵に伝えられた。

昨年八月の第一回総攻撃で望台に挑み、撃退され、瀕死の重傷をおい、病床に身を横た

えたままの善通寺第十一師団の櫻井忠温中尉は、旅順陥落の報を聞いたとき、「旅順要塞の前で、『仇を……』とか『旅順が……』と叫びつつ、無限の怨を含んで斃れた戦死者の霊魂は、果たして安慰を得たろうか？」（櫻井忠温『肉弾』）と想いを巡らし、生き残った負傷兵は皆泣いた、という。

そしていまなお、手は動かず、足は立たず、病床に伏すのみの櫻井忠温中尉は、のちに、「予は、旅順開城の報を聞くや、喜び極まって泣きたり。また陣没した幾多の戦友を想い起こした。多数の部下を戦場に殺した予は、如何に、その忠魂に謝することが出来ようか？　幾多の同胞を棄て、一人救われて帰りたる予は、何の顔《かんばせ》あって、父老に見《まみ》えることを得るべきか？」（櫻井忠温『肉弾』）

と記している。これが戦場に立った将兵の、いつわらざる姿であろう。

このころ満州北方でロシア軍の動きが活発化したので、満州軍総司令部は乃木軍に「すみやかな前進」を命じた。そこで旅順を陥落させた乃木軍は一月十五日から北進することとなった。

東京第一師団・東京第一連隊の猪熊敬一郎少尉は、北進前夜のことについて、「（一月）十九日は旅順と別れて北進することとなったので、予は、十八日夜、陣没せし諸戦友に最後の別れを告げるべく、山腹なる戦死者墓地へ急いだ。この夜、月は皎々《こうこう》と四辺を照らし、天地闃寂《げきせき》として、聞こえるものは夜風のささやく声のみである。予は第六中隊墓地なる木村軍曹の墓前にぬかづいた。木村軍曹は最古参の最も勇敢な模範的下士官だったが、選ばれて白襷隊に加わり、名誉の戦死を遂げたのである。予は墓前に立って、『卿は予の小隊戦死者の最古参なり。予に代わりて、予の誠意を戦死の諸友に告げよ。今や、予は、諸君の霊としばし決別させざるべからず。今や、死生異なるといえども、予は、北進の後、諸君のあとを追わざるべからず。南北ところを異にするも、死は一なり。誓って国難に殉ぜん。諸君、予を待たれよ』。言い終わって悌泣《ていきゅう》（涙を流すこと）を久しうした。低徊《ていかい》、去るに忍びず。回顧（振り向くこと）すれば、墓地のなかには、彼方に一人、此方に一人、予と同じように低徊している黒い影がある。仰げば月は天心にかかって、寂しき下界を照らす。感慨俯仰。去らんとして去り得ざるも、過雁の一声に驚かされて、山を辞《じ》した」（『鉄血』）

と述べている。猪熊敬一郎という人は明治三十六（一九〇三）年に陸軍士官学校を卒業して日露戦争に出征し、戦場での無理がたたって肺結核により二十八歳で病没する。東京第一師団・東京第一連隊の少尉だった生粋の軍人である。作家でも文筆家でもなく、文章を書くことについては、まったくの素人にすぎない。しかしそうであっても、彼の言葉には人に訴えかける強い想いがあり、彼の文章から伝わってくる含意の深さに私は魂を揺さぶられる。

真の戦争文学というものは、本来こういうものではないか、と私は思う。

伊地知幸介の武士道

北進してロシア野戦軍と戦う乃木軍の参謀陣は、旅順要塞に対峙した砲兵科・工兵科から歩兵科へ変更した。降将ステッセルが水師営で乃木大将に日本砲兵の威力と工兵の果敢を称賛したように、砲兵科・工兵科の参謀連は立派に仕事を果たしたから舞台を降りたのだ。新たな参謀長に歩兵科の小泉正保《こいずみまさやす》少将（小倉第十二師団第二十四旅団長）が就任し、砲兵科の伊地知幸介は旅順要塞司令官となり旅順の終戦処理など後始末にあたった。

旅順要塞司令官の伊地知幸介が視察すると、ロシア軍傷病兵一万六千八百八十九人のうち九千十八人が壊血病（ビタミン不足が原因）で苦しんでいた。「壊血病には果物やビールが効く」とされたので伊地知は、日本兵が戦地で口にしたことがない梨八万八千個、ミカン八万一千個、リンゴ二万二千個のほか、いまでこそ大衆飲料だが当時は高級酒（？）で日本人兵卒には手の届かない存在だったビールをロシア兵にふんだんにあたえた。伊地知のこうした給養と厚遇によりロシア軍傷病兵は病状の回復をみた。これが薩摩隼人伊地知幸介の武士道だった。

太平洋戦争後、日本人学童にアメリカでは家畜に飲ませる脱脂粉乳を与えたアメリカと比べても、伊地知という人間がわかるものである。

日露戦争の軍功を評された伊地知は陸士同期のトップを切って日露終戦一年後の明治三十九（一九〇六）年七月に中将へ進級。明治四十（一九〇七）年に男爵を授けられたが、病気のため明治四十四（一九一一）年より休職。大正二（一九一三）年に予備役となり、大正六（一九一七）年に死去した。伊地知は健康であれば大将へ昇任しただろう。なお井口省吾は、伊地知に三年遅れて明治四十二（一九〇九）年に中将になり、伊地知が休職して五年後の大正五（一九一六）年に大将になった。


以上の旅順攻防戦の実際を知ったあとで、改めて『坂の上の雲』を読むと、そこに描かれている乃木・伊地知像に違和感を覚える。

「（著者注：乃木第三軍参謀長に）少将伊地知幸介がえらばれた。理由は砲兵あがりであるということもあったが、薩摩出身であるという配慮の比重のほうがはるかに大きい。

伊地知幸介がすぐれた作戦家であるという評判は、陸軍部内ですこしもなかった。ないどころか、物事についての固定観念のつよい人物で、いわゆる頑固であり、柔軟な判断力とか、状況の変化に対する応変能力というものをとてももっていないということも、かれの友人や旧部下のあいだではよく知られていた。（中略）乃木希典は東京を発つとき、『死傷一万人でおちるだろう』

とみた。その程度でしか旅順をみていなかった。それを基準として攻撃法をきめた。むろん、参謀長の伊地知幸介の頭脳からでたものである」（『坂の上の雲』「旅順」）

「有能と無能というこの課題をこの稿でいおうとしているのも、かすかながら余談のつもりである。旅順攻撃における乃木軍の作戦首脳者が、第一軍以下にくらべておそるべき無能を発揮したということについての、いわば余談のつもりで書いている。

有能無能は人間の全人的な価値評価の基準にならないにせよ、高級軍人のばあいは有能であることが絶対の条件であるべきであった。かれらはその作戦能力において国家と民族の安危を背負っており、現実の戦闘においては無能であるがためにその麾下《きか》の兵士たちをすさまじい惨禍へ追いこむことになるのである。

乃木希典の最大の不幸は、かれの作戦担当者として参謀長伊地知幸介がえらばれたことであった」（『坂の上の雲』「旅順」）

「旅順の日本軍は、『老朽変則の人物』とひそかにののしられている（著者注：伊地知）参謀長を作戦頭脳として悪戦苦闘のかぎりをつくしていた。一人の人間の頭脳と性格が、これほどの長期にわたって災害をもたらしつづけるという例は、史上に類がない」(『坂の上の雲』「旅順総攻撃」)

「伊地知が、結局はおそるべき無能と頑固の人物であったことが乃木を不幸にした。乃木を不幸にするよりも、この第三軍そのものに必要以上の大流血を強いることになり、旅順要塞そのものが、日本人の血を吸いあげる吸血ポンプのようなものになった」(『坂の上の雲』「黄塵」)

　どうも、司馬遼太郎が彼らを無能とののしり、両人の顔に泥を塗る目的のために、真っ赤なウソを書いたようにしか思われないのである。

第二章

日露戦争：遼陽・沙河会戦

遼陽会戦

黒木第一軍、遼東山系の弓張嶺を攻略

日本陸軍の基本戦略は、遼陽に蝟集《いしゅう》するロシア軍を一大会戦で撃破することである。ロシア軍は、遼陽の裏口にあたる弓張嶺《きゅうちょうれい》など遼東山系に山岳陣地を構築し、東部兵団を配していた。これに対して黒木第一軍が八月二十五日から行動を開始し、遼陽の北東を進撃して遼東山系のロシア軍東部兵団を撃破し、遼陽の後方へ進出することを目指した。

またロシア軍は、遼陽の表口にあたる遼陽街道の鞍山站《あんざんたん》と首山堡《しゅざんぽ》に南部兵団を配し、これに挑む奥第二軍・野津第四軍が八月二十六日から鉄道線路に沿って北上を開始した（図7）。

乃木第三軍による旅順第一回総攻撃が失敗に終わったすぐあとのことである。

黒木第一軍が攻めた遼東山系の弓張嶺は峻険な山岳地帯で大砲・砲弾の運搬に難渋したので、師団あげての夜襲銃剣突撃という新機軸を採用し、八月二十六日午前四時頃突撃すると、ロシア兵は潮が引くように退却した。

第一軍司令官の黒木為楨大将は、天保十五（一八四四）年に鹿児島城下の加治屋町で生まれ、初陣は二十四歳のときの慶応四（一八六八）年一月三日の鳥羽伏見《とばふしみ》戦。薩摩藩小銃隊の小隊長だった黒木は鳥羽街道で幕府軍を撃ち破る卓抜した指揮能力を発揮した。西南戦争には政府軍の歩兵第十二連隊長として参戦した。近代軍事学にも留学にも無縁で、青年期から休む間もなく幾多の戦場を駆け巡った経験から戦術・戦略を会得《えとく》した野戦攻城の現場指揮官で、日本人好みの名将である。松下芳男《まつしたよしお》博士（陸士第二十五期。工学院大学教授）は黒木を、

「すこぶる老練にして、あたかも老船頭が潮の干満をみて天候を観測するように、戦闘の塩合いを見て戦機を観測すること、実に神のようであった」（『日本軍閥興亡史』）

と評している。

黒木は、日露戦争の緒戦で朝鮮と中国の間を流れる鴨緑江の渡河作戦（明治三十七（一九〇四）年四月三十日）を成功

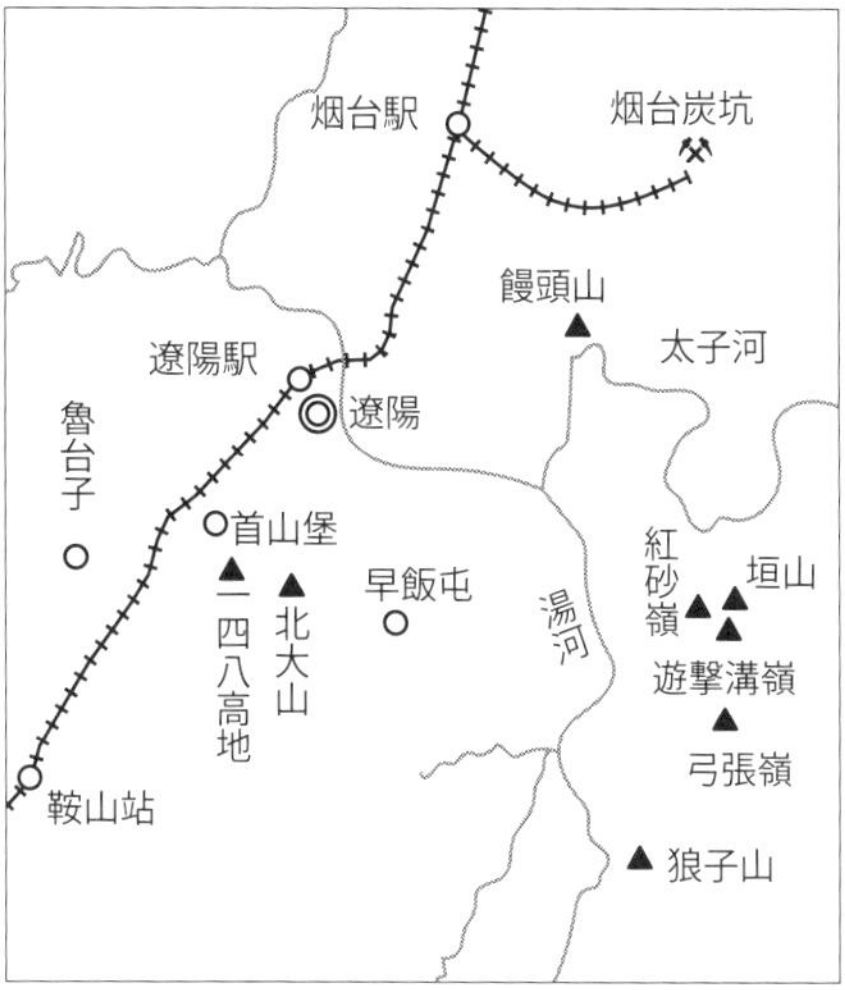

図７：遼陽会戦要図

させた。すると日本必敗を予測していた国際金融資本が、「日本は勝つかもしれない」と考え直し、ユダヤ系アメリカ人ヤコブ・シフが五百万ポンドの外債を引き受けてくれ、こののち国際市場における外債発行は順調に進んだ。このことから黒木は「世界のクロキ」とよばれ、ロシア軍から「クロキンスキー」と恐れられるようになった。

第一軍司令官・
黒木為楨大将

ロシア軍の撤退

黒木第一軍が遼東山系を進撃して弓張嶺夜襲作戦を成功させ、二十六日夕刻の戦況が、「弓張嶺を占領した黒木第一軍が、ロシア軍の退路を脅かしている状況」になると、ロシア軍のクロパトキン大将は東部兵団の退路を断たれる事態を懸念し、東部兵団に退却を下命。夜が明けて八月二十七日午前七時三十分頃、東部兵団は撤退していった。

そしてクロパトキンは、東部・南部両兵団を遼陽へ集めての遼陽決戦を決心し、南部兵団も退却を命じた。奥第二軍・野津第四軍が攻撃目標とした鞍山站のロシア軍南部兵団は、八月二十七日午前八時頃、霧がけむるなか首山堡へ向けて撤退して行った。

じつはこれは、ロシア軍が最も得意とする戦略的退却である。

第四軍の司令官・野津道貫は、眼前でロシア南部兵団が戦闘を交えることなく済々《せいせい》と退却して行くのをみると、このロシア軍退却は、

「日本軍を誘い込み、逆襲に転ずる罠ではないか？」

と疑った。歴戦の名将である野津道貫の判断は、正しかった。

奥第二軍でも、南部兵団撤退を知ると、名参謀というべき参謀長・落合豊三郎少将が「騎兵による偵察」を主張し、秋山好古少将指揮の騎兵第一旅団から偵察隊を派出した。

満州軍総司令部では、夜が更け日付が変わった八月二十八日午前零時頃、児玉源太郎総参謀長を中心に戦術の検討に入った。討議のテーマは、

「ロシア軍南部兵団退却の意図は何か？」

である。諸説入り乱れるなか、児玉源太郎は積極策を採用し、二十八日午前五時三十分、

「野津第四軍は早飯屯《そうはんとん》へ、奥第二軍は魯台子《ろだいし》へ急進すべし」

と命じた。早飯屯と魯台子は、遼陽前面を守る首山堡の前哨陣地である。

しかし実際のところ、クロパトキン大将は東部兵団・南部兵団を遼陽周辺に集結させ、総数二十二万余人の大軍で日本軍総勢十三万余人を殲滅《せんめつ》すべく、遼陽前面の首山堡・早飯屯・魯台子などに布陣し待ち構えていた。

つまりこの作戦では、野津第四軍・奥第二軍は、クロパトキンの包囲網の中へ飛び込むことになる。

最初に異変を感じたのは、早飯屯への急進を命じられた第四軍司令官の野津である。野津は児玉源太郎の急進命令に従わず、八月二十八日は終日、偵察に注力した。その結果、早飯屯から首山堡に連なる高地に強固な陣地が築かれ、ロシア軍が大部隊で待ち構えていることがわかった。そこで野津は八月二十九日午前五時三十分頃、

「児玉源太郎の命令どおり急進すれば遼陽会戦の前哨戦どころか、たちまち本格戦闘に突入し、野津第四軍・奥第二軍は連携不足のまま各個撃破され、完敗必須である」

と読み切り、「進軍は早飯屯の手前まで」と命じ、そこまで進出すると停止した。

第四軍司令官の野津道貫大将は、天保十二（一八四一）年に鹿児島市内の高麗町に生まれた根っからの戦将である。野津は二十二歳のときの薩英戦争で鹿児島湾に現れたイギリス軍艦に短刀で斬り込む決死隊員となり、小舟で漕ぎ寄せたが乗艦を拒否され、斬り込みは未遂に終わった。また、慶応四（一八六八）年一月三日、幕府軍が鳥羽街道の小枝橋（鴨川に架かっていた）に至ったとき、いきなり発砲し鳥羽伏見戦の発端をつくった。

そののち野津は薩摩藩小銃六番隊長となって北関東、白河、二本松へ転戦した。二本松の戦いでは、物陰から決死の勢いで斬り込んできた青山助之丞《あおやますけのじょう》二十一歳、山岡栄治《やまおかえいじ》二十六歳に隊士九人ほどが斬り殺されたが、野津は、

「おはんら、決して撃つなよ！」

と配下の小銃隊士らに銃撃を禁じ、隊士らが見守るなか刀で斬り合い、二人を斬り伏せた猛将である。野津はこのとき手傷を負い治療のため東京へ後送され、そのあとの会津攻めには参加できなかった。西南戦争では政府軍第二旅団参謀長として田原坂《たばるざか》で西郷軍と激突した。

野津道貫は、上官の指示を待つことなく勇猛果敢に猪突猛進する典型的な野戦型の指揮官で、戦闘のプロだった。戊辰戦争の頃は猪突猛進の青年士官だった野津は、

「無理な戦闘を仕掛けて味方の兵力を損なえば大敗につながる」

ことをよく理解し、日露戦争では老練と円熟を磨き上げ、強大なロシア軍を力攻めして損害を招く愚を避け、戦局が膠着《こうちゃく》しても気にせず、戦況が好転するまで慎重に持久する「石橋を叩いて渡る慎重居士」に成熟していた。野津は、心の底で、

「機眼（戦況判断力のこと）なら、経験豊富なおれのほうが、児玉源太郎よりはるかに上」

と思ったことだろう。

第四軍総司令官・
野津道貫大将

第二軍司令官の奥保鞏大将も慎重姿勢を堅持し、八月二十九日、急進命令が出ているにもかかわらず魯台子の手前で停止。敵情の偵察に明け暮れ、前進しなかった。

奥第二軍参謀長の落合豊三郎少将は、

「ロシア軍退却とは速断できない。首山堡付近を偵察した後、攻撃するのが得策」

と的確な判断を下し、満州軍総司令部に、

「明三十日払暁、歩兵四個大隊・砲兵四個中隊で威力偵察を行う」

と伝えたのである。

壮大な「すてカマリ」のワナ

野津道貫第四軍司令官も、奥保鞏第二軍司令官も、慎重姿勢を堅持し、退却するロシア軍を追撃しなかった。これは正しい判断だった。

薩摩藩の得意技に「すてカマリ」というのがある。

カマリ（奸）とは忍者という意味だから、「すてカマリ」とは「捨て忍者」のことである。退却する仲間の安全を守るため、四～五人の決死隊が一団となって身を隠し、追撃してくる敵将を間近から火縄銃で狙撃して斃す。しかし自分たちは高確率でそこから逃げられず犠牲となる、壮絶な退却戦術である。

関ヶ原の戦いで西軍（石田三成《いしだみつなり》方）につき敗れた薩摩藩の島津義弘《しまづよしひろ》は、敵中突破による逃走を図った。このとき井伊直政《いいなおまさ》（彦根藩初代藩主）と松平忠吉《まつだいらただよし》（徳川家康の四男。武蔵《むさし》忍《おし》城主。井伊直政の娘婿）は、島津隊を執拗《しつよう》に追撃した。しかし島津軍の「すてカマリ」が放った火縄銃で狙撃され、井伊直政は重傷を負い、松平忠吉も負傷。義弘自身はかろうじて敵中突破に成功した。この退却戦は「島津の退《の》き口」として全国に名を轟《とどろ》かせ、武家・サムライの間で「逃げる薩摩を追ってはならぬ」と戒められたのである。

さて、クロパトキンの戦略的退却は「ウルトラすてカマリ」とも「巨大な蟻《あり》地獄」ともいうべき壮大なるワナであり、うっかり足を踏み入れようものなら抜け出すことはできず、全滅の憂き目を見て、二度と生きては帰れなかったであろう。ロシア軍を追撃しなかったことは「すてカマリ」本家本元の薩摩藩出身の野津、そして奥の英断であったといえる。

しかるに、満州軍高級参謀の井口省吾は、

「ロシア軍は遼陽を捨てて退却するのだ」

との大妄想にとらわれていたから、野津・奥両大将の慎重姿勢を不満とし、

「急進命令は敵主力を包囲するためである。グズグズしては機会を失う。急げ！」

奥第二軍参謀長・落合豊三郎少将

と発言。さらに児玉源太郎も井口省吾を支持し、「敵が遼陽から退却するのは確実である。速やかに早飯屯・首山堡を奪取すべし！」と説示した。そして井口は、「ロシア軍退却と速断できないから偵察を強化する」とする奥第二軍の参謀・落合豊三郎少将（もと松江藩士）に、「第二軍参謀長落合豊三郎少将は、慎重過剰にして最も不可で落第」と最低の人事評価を下し、日露戦争終了後、落合豊三郎を東京湾要塞司令官へ左遷し陸軍から追放した。

駿河国駿東郡上石田村の農業井口幹一郎の次男に生まれた井口省吾は、「すてカマリ」とか「逃げる薩摩を追ってはならぬ」という戒めをはじめ、当時の武家・サムライの間で伝承された家伝・口伝を知らなかった。そして井口は陸大で電撃機動作戦を提唱するメッケルの指導を受け、陸大を卒業するとドイツへ留学し、ドイツ軍学を金科玉条とした。そのため、古今東西の古戦史をはば広く研究する視野をもたなかった。

しかしドイツ陸軍は、昔、普仏戦争でフランス陸軍に完勝したことがあるだけで、ロシア陸軍に勝ったことがない。だからメッケル流ドイツ軍学を学んでも、ロシア陸軍に勝てる確証はまったくない。ここに最大の問題がある。

井口はメッケル軍学を学び、メッケルからかわいがられた舶来崇拝者で、〝宗教法人メッケル教団〟の司祭ともいうべき、視野の狭い教科書秀才にすぎなかった。そして前述のとおり、頭の固い口舌の人物だった。

メッケルと井口省吾

参謀井口省吾の指導に従って作戦を行ったら、日露戦争は大敗北に終わっただろう。

井口省吾は陸大教官（明治二十四〈一八九一〉年四月から二年半。明治二十八〈一八九五〉年五月から一年間）、陸大教頭（大佐として明治三十〈一八九七〉年十月から三年半）、陸大校長（少将～中将として明治三十九〈一九〇六〉年二月から大正元〈一九一二〉年十一月まで六年半）として、あしかけ十四年間で陸大教育の根幹をつくり上げ、陸大にメッケルの胸像を置いた。陸大は井口によりメッケル軍学の牙城となったのだ。このメッケルと陸大について、昭和十八（一九四三）年頃陸大校長だった飯村穣中将は、

「メッケルは一つの弊風を陸大教育に残したと思っている。それは白を黒と言いくるめる議論達者であることを意思強固なりと推奨したということではないか。私は弁護士養成の

ような陸大教育に疑問を抱き、武将は聞き上手になるべきで、議論上手になってはいけないと思っていた。この議論上手は敗戦の一因となった」（『帝国陸軍の本質』）

と述べている。陸軍大将の東久邇宮稔彦王《ひがしくにのみやなるひこおう》は、昭和十九（一九四四）年十二月三十一日の日記に、

「わが陸軍大学校教育の欠陥は、陸軍統帥部の弱点になっていた。小利巧に小策を弄する才子的な気の利いた者たちが陸大で優秀な成績を収め、やがて中央の重要な地位を占めるようになったから、大本営の用兵には、大所高所から広く全般を達観し、果敢に全陸軍を運用する大戦略的な着眼が全くなかった」（『帝国陸軍の本質』）

と記している。

また浅野《あさの》祐吾《ゆうご》（陸士第五十一期。陸大卒。のちに自衛隊陸将補）は、陸大教育について、「戦史の講義は居眠りの時間となった。欧米文化の導入に汲々とし、日本古来の古戦史の研究がおろそかにされたことは致命的欠陥だった」（『帝国陸軍の本質』）

と述べ、日本古来の古戦史を軽視し、メッケルら舶来を信仰した欠陥を指摘した。

そもそもドイツ軍学の至高はプロイセンの軍人・クラウゼヴィッツであり、その『戦争論』は戦争を政治の一手段とみて兵站などまで幅広く論じた古典的名著である。昭和四十

三（一九六八）年に岩波書店から訳書（篠田《しのだ》英雄《ひでお》訳）が出ている。これを学ばなければドイツ軍学を学んだことにならない。

陸大では成績最優秀者はドイツへ、二番手がフランスかロシアへ留学した。しかし軍事研究家三根生《みねお》久大《きゅうだい》（陸士第六十期。在校中に太平洋戦争終戦）は、このことについて、「ドイツ留学将校のうちクラウゼヴィッツの『戦争論』を通じて、戦争そのものの理論的研究に取り組んだ者は全然いない。メッケルに強く影響されていたのではあるまいか。とくに昭和に入ってからは情報や後方補給が軽視されがちだった」（『帝国陸軍の本質』）と述べている。ドイツ軍学の一流はクラウゼヴィッツ、メッケルは二流である。だからメッケルに習ってクラウゼヴィッツを学ばないのではどうにもならない。陸大教育の失敗は、二流の外国人教師を神のごとくうやまい、金科玉条のものと崇拝した点にある。

二流の外人教師メッケルを神のごとく信奉する陸大校長・井口省吾は好き嫌いが激しく、自分の頭で作戦を考える陸大教官をすべて追い出し、自分に忠実な者だけを厚遇した。なかでも厚遇された一人が『機密日露戦史』を書いた谷壽夫《たにひさお》（のちに陸軍中将・第六師団長）である。

『坂の上の雲』の種本、『機密日露戦史』

『機密日露戦史』を書いた谷壽夫は、明治四十二（一九〇九）年に陸大に入校し、井口校長の指導を受け、大正元（一九一二）年十一月に陸大（第二十四期）を三番の成績優等で卒業し恩賜の軍刀を授与された。

一般に、自分の頭でものを考えれば、とかく教官と衝突して評価を下げられがちだ。しかし谷壽夫は井口校長の指導に従順だったため、成績が上位であった。谷は大正八（一九一九）年四月〜大正九（一九二〇）年十月まで陸大教官、大正十三（一九二四）年二月〜昭和二（一九二七）年三月までふたたび陸大教官となり、日露戦争史を教えた。そのときの講義録の原本（大正十四《一九二五》年陸軍大学校調製、ガリ版刷り、全十二巻二十一章）が戦後昭和四十一（一九六六）年に復刊され、さらに平成十六（二〇〇四）年に『機密日露戦史』新装版（厚さ約四センチ）として刊行された。

『機密日露戦史』はかなりの力作で、日露戦争に関する重要資料であることは間違いなく、基本文献として確固たる地位を占めている。一方で、井口校長の強い影響を受けたうえ、谷の個人的見解が色濃く、谷史観ともいうべきクセの強い本でもある。

「少年よ、大志をいだけ」というような感じで、参謀になる陸大学生らに、

「参謀よ、大志をいだけ。大将・司令官など大したことはないから無視すればよい。中

佐・少佐など君ら参謀こそが、国軍の命運を担っているのだ」

というエールが強すぎるのだ。さらに、

「軍神乃木大将といっても神ならぬ人間であり欠点も多い。参謀はこの事に心せよ」

という啓蒙が過剰であったが、このクセの強さに惹かれたのが服部卓四郎・辻政信・瀬島龍三であった。この結果、

「参謀が作戦の一切を支配して軍司令官に強要し、作戦が失敗すれば軍司令官にすべての責任を押し付け、参謀は失敗責任を問われないとする参謀無答責《むとうせき》の原則」

という参謀至上主義ともいうべき旧軍の悪癖が確立され、太平洋戦争の敗因となった。

司馬遼太郎が強いこだわりをもって強調する、前述の旅順戦に関する井口省吾と伊地知幸介の論争とは、優秀かつエリートだった井口省吾の、最優秀かつ超エリートだった伊地知幸介に対する羨望・嫉妬という個人的私怨《しえん》を、陸大校長となった井口省吾が陸大教育の根幹に据え、これを谷壽夫が『機密日露戦史』に書いたものなのだ。

『坂の上の雲』は、幅広く日露戦史を読み込むことをせず、『機密日露戦史』を種本として書かれた。井口の伊地知に対する個人的な嫉妬《ジェラシー》というべき劣情を針小棒大に誇張して乃木・伊地知が罵倒されており、結果、劣情に感応する読者の潜在的な感情《エモーション》に働きかけて千八百万部というベスト・セラーとなった。

いぶし銀の名参謀・松川敏胤の善後策

さて遼陽では、満州軍総司令部（児玉・井口ら）が八月二十九日午後五時四十分、「野津第四軍は、すみやかに早飯屯・北大山《ほくだいさん》を攻撃すべし。奥第二軍は、すみやかに魯台子を越えて一四八高地を占領し、さらに首山堡を攻略すべし」

との無茶苦茶な命令を下した。重大な判断の誤りだが、不適切でも命令は絶対である。午後十一時四十分頃。覚悟を決めた第四軍司令官・野津道貫大将は「第四軍は、明三十日払暁、早飯屯・北大山を攻撃」と下令、第二軍司令官・奥保鞏大将は「第二軍は、明三十日午前五時、魯台子を越えて一四八高地を占領し、首山堡に迫る」よう下令した。

日付が変わった八月三十日午前零時頃、満州軍総司令部内に言い知れぬ不安がよぎった。各種情報や前線からの報告を総合すると、ロシア軍に退却の兆候はまったくなく、持久態勢を堅持し、むしろ逆襲の気配すら感じられたからである。

野津第四軍・奥第二軍が総司令部命令どおり進撃すれば、待ち構えるロシア軍の堅陣《けんじん》に吸い込まれ、砲網《ほうもう》に捕らえられ、包囲され全滅するだろう。こうなれば日露戦争は日本の完全敗北となって終わりである。これがメッケルの直弟子である高級参謀・井口省吾少将の大失態である（ちなみにこうした全滅現象は、太平洋戦争のとき、井口省吾の孫弟子となる昭和陸軍参謀三人組、服部卓四郎・辻政信・瀬島龍三が数多く実演する）。

このとき、不安に駆られた満州軍総司令部を、ひいては日本軍を救ったのが、作戦主任参謀の松川敏胤大佐である。松川は、

「弓張嶺夜襲作戦により遼東山系を攻略し、裏口から遼陽への道を開いた黒木第一軍が、さらに遼陽後方の太子河《たいしが》北岸へ進出して、ロシア軍の後方をおびやかす」

ことを望み、八月三十日午前一時頃、黒木第一軍参謀長の藤井茂太少将に、

「敵、もし遼陽にて本格的な抵抗をなす場合、黒木第一軍を遼陽会戦の基礎と致すべく。貴官は、いくばくの兵力を、いつ、太子河北岸へ移す計画なりや？」

との懇請を打電した。すると藤井茂太第一軍参謀長は松川の懇請を快諾した。

善後策を下した松川敏胤大佐は仙台藩士松川安輔《まつかわやすすけ》の長男として生まれ、陸軍士官学校（第五期）を卒業。同期生には二〇三高地への攻撃目標転換を乃木大将に提議した東京第一師団参謀長・星野金吾大佐らがいる。松川敏胤は陸軍大学（第三期）を首席で卒業したのち、明治三十五（一九〇二）年五月に伊地知幸介の後任として参謀本部第一部長になり、参謀次長・田村怡与造および後任の児玉源太郎を助けて日露戦争の戦術を研究。日露開戦となるや満州軍総参謀長・児玉源太郎の下で作戦主任参謀となり、心血をしぼって作戦にあたった。松川敏胤は頭脳明晰かつ柔軟な名参謀であり、日露陸戦の幾多の危急を救い、

満州軍総司令部
作戦主任参謀・
松川敏胤大佐

児玉源太郎から文殊菩薩と高く評された。性格は恭順で自己顕示欲はまったくなく、作戦成功の手柄はすべて児玉源太郎にささげた。本来は凡庸な児玉が世間から名将と高く評されるのは、松川敏胤の作戦が秀逸だったからである。松川の最終階級は陸軍大将だが、墓所は地元仙台の共同墓地にあり、墓誌に陸軍大将の刻字《こくじ》はない。

わが国は、こういういぶし銀のように地味な名参謀によって救われたのである。

逆転勝利へ導いた黒木第一軍の背面攻撃

遼陽前面の首山堡を守る前哨陣地は早飯屯・北大山と魯台子・一四八高地で、これを野津第四軍と奥第二軍が攻めている。

八月三十日。夜明けとなり、いよいよ戦闘開始である。

野津第四軍は早飯屯・北大山へ攻撃を行ったが、ロシア軍の激しい抵抗で前進できなかった。

奥第二軍は魯台子を越えて一四八高地に挑んだが、死傷者が続出して前進停止した。

かかるなか児玉源太郎満州軍総参謀長は、午後三時十分、奥第二軍に対し、

「首山堡へ向かい、敏速に攻撃すべし」

との督戦電《とくせんでん》を発した。督戦電とは、積極的に戦うよう督促する指示電報である。しかし奥第二軍は強力なロシア軍の前になす術なく日没を迎えた。

この夜の満州軍総司令部の戦況判断は、

「敵ハ、我ガ軍ノ急追ヲ受ケ、退却シ得ザルヲ察知シ、決戦ニ出タモノ」

というもので、ロシア軍は壊滅的打撃を受け退却したいのだが日本軍の猛追のため退却すらできない窮迫状態である、とのまったく見当違いの大妄想に基づく希望的観測だった。戦況がそのような楽観的状況でないことは、早くも翌日未明には明らかとなる。

督戦を受けた奥第二軍の静岡第三十四連隊が、日付が変わった八月三十一日午前五時頃、一四八高地へ突撃。ロシア軍の猛射を浴びながら先頭に立って斜面を駆け登った橘周太《たちばなしゅうた》第一大隊長は、午前五時三十分頃、砲弾の爆裂で絶命。静岡第三十四連隊は壊滅した。

遼陽前面の首山堡を攻めた野津第四軍・奥第二軍とも、度重なる苦戦に兵力を損耗して八月三十一日昼頃には手詰まりとなり、ついに遼陽会戦は敗色が濃くなった。

憂慮が深まるなか、作戦主任参謀・松川敏胤大佐の要請をうけた黒木第一軍が遼陽の裏口から背面攻撃を仕掛け、三十一日午前十一時頃、密かに太子河を渡河して（これを「太子河渡河作戦」という）、一日夕方に烟台《えんだい》炭坑へ迫った（131ページ図7）。すると敵将

クロパトキンは、

「黒木第一軍が烟台炭坑を通過して山を下り、平野部へ出て、遼陽―奉天の鉄道線路を遮断したら、遼陽のロシア軍は退路を断たれて背後から包囲される」

と恐れ、三日午前四時頃、ロシア全軍に奉天への総退却を命じ、遼陽のロシア全軍は退却して去っていった。こうして遼陽会戦は日本の逆転勝利となったのだ。

世界史の出来事の遠因となった黒木為楨

いずれロシア軍と戦う運命にあるドイツ参謀本部ロシア課員のホフマン大尉は、この戦いの間中、観戦武官として黒木為楨・藤井茂太について歩き「黒木・藤井の腰巾着」とあだ名された。そもそもドイツ陸軍は世界最強のロシア陸軍に勝ったことがないため、日本陸軍から学ぶしかなく、ホフマン大尉はつぎつぎに質問して黒木・藤井の薫陶を受けた。ホフマン大尉は、黒木第一軍の鴨緑江渡河作戦（日露戦争が始まったとき、日本軍は鴨緑江を渡って朝鮮から満州に入った）やこのたびの遼陽会戦の弓張嶺夜襲作戦や太子河渡河作戦を見て驚き、

「ドイツ陸軍は正面攻撃を主流としている。なぜ日本陸軍は背面攻撃を主流とするのか。背面攻撃を行った際、敵に当方の正面を打ち破られ大敗北に至る危険はないのか？」

と質問した。これまでの古今東西の陸戦史はいずれも正面攻撃を主流としているから、ホフマン大尉のこの質問はいい質問である。これに対する藤井茂太の回答は、

「正面で守勢をとる敵を撃破するには、敵の数倍の兵力を必要とする。しかし正面で敵の攻勢を防御するなら小兵力で足りる。当方の全兵力が少ない場合、正面は小兵力で防御し、敵の備えの少ない背面に全兵力を集中して撃破し、敵の背後から包囲するのが有利」

という明快なものだった。黒木為楨・藤井茂太の戦術は、当時の世界陸戦史においても卓抜しており、国際的トップ水準にあった。もし遼陽会戦で、黒木第一軍がロシア軍クロパトキンの退路を断ったら、その時点で日本の完全勝利が確定したかもしれなかった。

余談だが、こののち第一次世界大戦（一九一四年七月〜一九一八年十一月）が勃発したとき、ホフマンは中佐に進級していて、東プロイセンを防衛するドイツ第八軍の参謀として第八軍参謀長ルーデンドルフ少将、第八軍司令官ヒンデンブルク大将を支え、タンネンベルクの戦い（一九一四年八月〜九月）で、ロシアの圧倒的な大軍（二個軍団）を撃退した。

参謀ホフマン中佐は、東正面のロシア第一軍の前に弱体な第一騎兵師団だけを置き、ドイツ軍主力を高速移動させて南東から迫るロシア第二軍を壊滅させ、再びもとの位置へ戻ってロシア第一軍を撃退した。黒木第一軍の太子河渡河作戦をタンネンベルク会戦に応用

した形である。つまり、黒木為楨の指導を受けたホフマン大尉が中佐になり、第一次世界大戦のタンネンベルク会戦でドイツに勝利をもたらしたのだ。その意味で「ドイツ陸軍に勝利の方策を教えたのは、日本の名将黒木為楨だった」というべきである。

第一次世界大戦のときドイツ軍の参謀総長は最初が小モルトケ、一九一四年九月以降ファルケンハイン、一九一六年八月以降ヒンデンブルク（参謀次長はルーデンドルフ）、敗戦直前がゼークト。

ホフマン中佐は最優秀の参謀と評され、第八軍参謀長ルーデンドルフ少将は大将・参謀次長（一九一六年〜）へ昇進。第八軍司令官ヒンデンブルクは参謀総長となったのち、ドイツ第二代大統領（在任：一九二五年五月〜一九三四年八月）になった。

帝政ロシアでは、タンネンベルク会戦に敗北すると民衆の不満が強まり、一九一七年三月の「パンよこせデモ」を契機に皇帝ニコライ二世は退位してロマノフ朝が崩壊（二月革命）。さらにレーニンが一九一七年十一月七日に武装蜂起して新政権が発足した（十月革命）。ロシア革命である。

近代軍事学にも留学にも語学にも無縁の黒木為楨であったが、鴨緑江渡河作戦の成功は外債発行を順調にし、ドイツ軍人ホフマンを育てたことはタンネンベルク会戦でのドイツの勝利につながり、さらにそれはロシア革命が起こる遠因となったのである。

沙河会戦

遼陽を留守にした児玉源太郎

勝ったとはいえ遼陽会戦（～明治三十七《一九〇四》年九月四日）における日本軍死傷者は二万三千五百余人におよび兵員不足となったので、軍に北進の余力はなかった。そこで児玉源太郎は「遼陽での滞陣」を決め、兵員不足の穴を埋めるため、

「乃木第三軍に一日も早く旅順を攻略させて北上させ、満州軍に参加させよう」

と望んだ。ここに児玉の「乃木に対する甘え」があった。児玉が、九月十五日に遼陽を発《た》って九月十八日に乃木軍司令部に現れ、旅順戦を視察したのには、そのような背景があったのである。乃木軍は旅順第二回総攻撃前哨戦で九月二十日に龍眼北方堡塁と水師営堡塁とナマコ山を占領し、ナマコ山からの観測による二十八センチ榴弾砲の砲撃で九月三十日から十月三十日までに湾内のロシア軍艦を廃艦同然とした。乃木は自分の仕事をしっかりやっているのだから、児玉は旅順戦は乃木にまかせておくべきであった。

損害の著しい日本軍に北進余力がなく遼陽で滞陣していることは、ロシア軍にとって大逆襲のチャンスである。こういう場合、児玉は軍紀を引き締め、偵察をひんぱんに行うなど、万全の迎撃態勢を構築しなければならない。しかるに児玉は、油断してそれをおこたり、迎撃態勢を構築しないばかりか、旅順へ出かけて遼陽を留守にしてしまった。

クロパトキンの大逆襲

一方、遼陽会戦に敗れ沙河という川を渡って奉天へ退却したクロパトキンは、明治三十七（一九〇四）年九月上旬、日本軍が遼陽付近に多くの露営地をつくって停止していることを知ると、

「日本軍が前進しないのは、遼陽会戦で大打撃を受け、動けないのだ。いまこそ大逆襲に転じ、日本軍最右翼の脆弱な梅沢《うめざわ》支隊（正式名称は近衛後備混成旅団）を急襲・殲滅し、日本軍の後方へ回り込んで、日本軍全体を崩壊させよう」

と大逆襲の決意を固めた。ロシア軍東部兵団は十月四日に、西部兵団は十月五日に前進を開始し、沙河を越えて南下し大戦線を張った。

このとき日本軍は遼陽―奉天の鉄道線路の両脇に奥第二軍と野津第四軍を配置。右翼の黒木第一軍が烟台炭坑付近に、かなり離れた最右翼の本渓湖付近に梅沢支隊が駐屯してい

た（図8）。

クロパトキンは、西部兵団を日本軍正面の奥第二軍・野津第四軍にぶつけて牽制し、東部兵団に脆弱な梅沢支隊を包囲殲滅させて日本軍の後方へ回り込ませ、日本軍全体を崩壊させようとしたのである。

図８：沙河会戦図

見せかけの大部隊・梅沢支隊

クロパトキンに狙われた梅沢支隊は、後備兵である年配の兵隊から構成された弱体な部隊だった。現役兵と予備役には新式の三十年式歩兵銃（明治三十年制定）が支給されたが、後備兵に支給されたのは、日清戦争で使用された旧式の村田銃（明治十三年制定）であった。そして梅沢支隊の場合は、日本軍が大部隊であると見せかける「山田のかかし」の役割を担っていた。クロパトキンは慧眼をもって「梅沢支隊は山田のかかし」と見抜いたのだ。

しかも児玉源太郎総参謀長は、このとき旅順へ戦況視察に出かけて留守だった。

十月六日午前六時、旅順の戦況視察から戻った児玉源太郎総参謀長は、作戦主任参謀・松川敏胤大佐から「ロシア軍大挙南下」の急報を聞かされた。しかし想定外の事態に呆然《ぼうぜん》自失《じしつ》となり、咄嗟《とっさ》の判断を下すことができず、ただ呻《うめ》き声を発するだけだった。

児玉源太郎は、思考停止に陥ったのだ。

十月八日夜、ロシア軍東部兵団が梅沢支隊を包囲した。東方からの横なぐり作戦で梅沢支隊を壊滅させ、日本軍の背後へ回り込むためである。梅沢支隊の危機は、黒木第一軍の危機であり、日本軍右翼崩壊の危機であり、日本軍全体の危機でもあった。

もしロシア東部兵団に襲われた梅沢支隊を支援すべく正面から増援軍を送れば、薄くなった日本軍正面がロシア西部兵団に押し潰され、「二兎《と》を追う者、一兎も得ず」ということで、右翼も正面も全面崩壊となってしまう。

松川敏胤の旋回作戦

この苦境を救ったのが、またもや満州軍作戦主任参謀の松川敏胤である。名参謀松川敏胤の作戦は、

「ロシア東部兵団に包囲された梅沢支隊は現位置を固守する。日本軍の正面部隊は、時計回りに北上してロシア西部兵団を圧迫し、さらに北進してロシア東部兵団の背後へ迫る」という荒技である。児玉源太郎は松川敏胤の提案を採用し、十月十日、遼陽の日本軍主力は一斉に北上を開始。十月十一日から「沙河会戦」が始まる。

十月十一日、ロシア東部兵団が梅沢支隊を全力で襲った。梅沢支隊は後備第四連隊第七中隊ほぼ全滅、後備第一連隊第四中隊の将校全員死傷、後備第三十九連隊は大損害との大苦戦に陥ったが、村田銃と機関銃六挺を猛射して、単独で耐えに耐えて持久し、ロシア東部兵団を撃退した。作戦部隊としては期待されず「日本軍は大部隊であると仮装する山田のかかし」の役割を担った梅沢支隊だったが、激戦の末、東部兵団を撃退したのだ。

西部戦線では、野津第四軍が十二日午前二時頃平野部に聳《そび》えたつ三塊石山《さんかいせきざん》を夜襲して午前八時に占領し、ロシア軍の東部兵団と西部兵団を分断し橋頭堡《きょうとうほ》（強大な敵陣の前に築く出撃基地のこと）を築いた。さらに奥第二軍が、十二日午後四時頃、西部兵団を攻撃して退却させた。

西部兵団が退却に転じたことを知った東部兵団は、十三日午前十時頃、東部兵団が孤立することを恐れて退却に転じた。このため梅沢支隊は当面の危機を脱し、日本軍全体の旋回軸を確保し、沙河会戦は日本軍の勝利となって終結した。

松川敏胤は、遼陽会戦に続き、児玉の失態をカバーし、日本軍の危急を救ったのである。

第三章

日露戦争：奉天会戦

相次ぐ作戦変更

白河城攻防戦の作戦を踏襲した中央突破作戦

大山巌総司令官は明治三十八（一九〇五）年二月二十日、奉天会戦の作戦基本計画を、「右翼の鴨緑江軍（司令官・川村景明《かわむらかげあき》大将）・黒木第一軍が奉天の東方へ進んで敵を右へ誘引する。左翼の乃木第三軍は奉天の西方へ進んで敵を左へ吸収する。空疎になった正面を野津第四軍・奥第二軍が中央突破する」とした。この〝中央突破作戦〟は、国運を懸けた奉天会戦に、奥羽戊辰戦争の勝敗を決した慶応四（一八六八）年の白河城攻防戦の成功体験を再現しようとしたものである。

白河城攻防戦で、奥羽同盟軍は総勢二千七百人・砲十門の大部隊。薩長西軍は総勢七百人・砲八門と劣勢だった。そこで西軍は全軍を右翼隊・左翼隊・正面隊に三分し、五月一日午前六時頃、薩摩四番隊長の川村純義《かわむらすみよし》率いる右翼隊が白河城の東方の奥羽同盟軍の雷神《らいじん》山《やま》堡塁へ突入すると、奥羽同盟軍は正面から応援兵を雷神山堡塁へ送った。次に西軍が白河城西方の立石山砲塁へ攻めかかると、奥羽同盟軍は正面から応援兵を立石山砲塁へ送った。

こうして戦闘正面の稲荷山陣地が手薄になった午前十一時頃、薩摩藩砲兵隊が稲荷山陣地を総砲撃し西軍歩兵が突撃すると、すでに兵力を雷神山堡塁や立石山砲塁の応援に送って手薄になっていた稲荷山陣地は総崩れとなり、奥羽同盟軍は会津藩副総督・横山主税《よこやまちから》戦死、仙台藩首将・坂本大炊《さかもとおおい》戦死など、主だった部将を失い大敗となった。

大山巌はロシア軍との戦いにあたって、

「北国の軍隊は防戦においては粘り強いが鈍重で、機敏な運動性に欠ける。守備力は堅固だが運動戦が不得手なロシア軍を叩くには、白河城攻防戦の戦術が有効」

と判断したのである。

白河城の東方から奇襲した川村純義の薩摩四番隊の一兵士だった川村景明がいま鴨緑江軍司令官、立石山砲塁へ斬り込んだ薩摩五番隊長・野津鎮雄《のづしずお》の弟道貫がいま第四軍司令官、稲荷山陣地を総砲撃した薩摩二番砲隊長・大山巌がいま満州軍総司令官。彼らは、

「奉天会戦は、白河城攻防戦のやり方でやろうぜ」

と言えば、ただちに全員がその戦略意図を理解した。参謀会議など必要なかったのだ。

奉天会戦のこの作戦基本計画について、司馬遼太郎は、

「（ロシア軍の）中央を突破してしまおうというのが松川敏胤案のテーマであった。中央突破というのは古来戦術家の理想であったが、しかしながら実際に成功した例はきわめてすくない。しかも、寡少の兵力をもって圧倒的多数の敵軍に対しその中央突破を策するなどは、一見、無謀ともいえる。（中略）ただその中央突破作戦である。

むろん、いきなり中央突破はしない。

まず、（日本軍右翼が）敵の左を突く。敵はおどろいてその方へ兵力を集中させるであろう。

次いで、（日本軍左翼が）敵の右を突く。

敵はさらにおどろき、中央に控置《こうち》してある兵力をそのほうに割《さ》くにちがいない。その敵の混乱に乗じ、手薄になっているはずの中央を突破してゆく。

というものであった。柔術の手に似ている。柔術なら力学的合理性のみに則《のっと》っているためになお単純であるが、この作戦は曲芸もしくは奇術にちかい。左を突き、右を突く。となれば、敵が左へゆき、右へゆく。ということを期待したうえでこの作戦案は成立しているが、しかしながらそのように敵が注文どおりに踊ってくれるかどうかである」（『坂の上の雲』「奉天へ」）

と述べている。しかし奉天会戦の中央突破作戦は「柔術の手に似て曲芸もしくは奇術にちかい」という観念的なものではなく、奥羽戊辰戦争・白河城攻防戦の成功事例を踏襲したものであり、しかもそれを立案したのは、当時その戦いで滅茶苦茶に負けた仙台藩の松川敏胤であった。

どうも司馬遼太郎は、白河城攻防戦のことを知らなかったようだ。

作戦変更、奉天両翼包囲へ

北上を開始した最右翼の鴨緑江軍が二月二十四日に清河城を占領し、隣接する準右翼の黒木第一軍が二月二十五日に北上を開始すると、同日午後四時頃、正面のロシア軍約一・五個師団が東進して行き、「敵兵力の東方への誘引」は成功したかに見えた。

三月一日に総攻撃が開始され、奉天西方へ進撃した乃木軍（東京第一師団・旭川第七師団・金沢第九師団の三個師団編成）が同日夕方に四方台《しほうだい》を占領すると、クロパトキンは乃木軍を殲滅すべく正面兵力から五個師団を西部戦線へ派出した。こうして「敵兵力の西方への誘引」も成功するかに見えた。

しかし総攻撃二日目の三月二日。最右翼の鴨緑江軍の馬群鄲《まぐんたん》への攻撃は進展せず、準右翼の黒木第一軍の高台嶺《こうだいれい》陣地への攻撃も停滞。正面の野津第四軍は沙河堡《さかほ》と万宝山《まんぽうさん》を攻撃したが、激しい銃砲撃を浴びて攻撃は頓挫した（図9）。

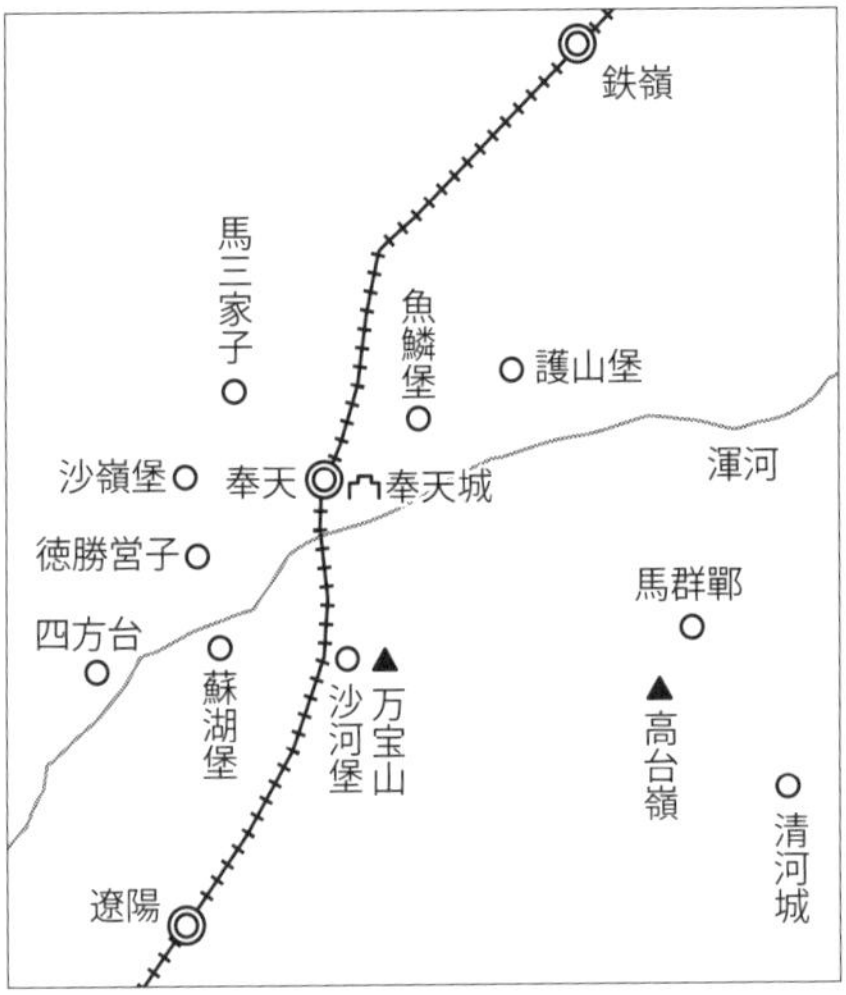

図9：奉天会戦概要図

順調に進撃したのはロシア軍を西方へ誘引した左翼の乃木軍だけで、旭川第七師団が午前十一時頃に狐家子《こかし》へ進出し、東京第一師団が午後三時頃に沙《さ》嶺堡《れいほ》を占領。それぞれ奉天西方の目標地点へ進出した。結局この日、

「右翼の鴨緑江軍と黒木第一軍は敵を東方へ誘引する力がなく、正面主力の野津第四軍は沙河堡・万宝山攻撃に手こずり中央突破は至難である。『中央突破作戦』は挫折した」

という結果となった。こうして三月二日の夜は更け、三月三日午前零時となった。

中央突破作戦の挫折という現実に直面した満州軍総司令部では、作戦主任参謀・松川敏胤が主導し、計画を、

「当初はオトリの脇役を演じる予定だった左翼の乃木第三軍を『主役』へ格上げし、奉天を西方から包囲する。右翼の鴨緑江軍・黒木第一軍も奮発して奉天を東方から包囲する」

という〝奉天両翼包囲〟へ作戦を変更した。要するに、

「クリーンアップの主力打者である野津第四軍・奥第二軍がさっぱり打てないので、乃木第三軍らに頑張ってもらう」

という虫の良い戦術へ転換し、乃木軍らの奮闘に期待したわけである。

さらなる作戦変更、奉天片翼包囲へ

作戦変更後の三月三日〜五日は、右翼の鴨緑江軍・黒木第一軍も、正面の野津第四軍も、攻撃は停滞。

勇猛果敢に前進したのは左翼の乃木軍だけであった。最も危険な先鋒をつとめた乃木軍の東京第一師団は、充満するロシア軍に錐《きり》を深くもみ込むように突入し、三月四日午前に大転湾橋《だいてんわんきょう》へ進出。旭川第七師団が李官堡《りかんほ》へ、金沢第九師団が張士屯《ちょうしとん》へ進出した（図10）。

一方、クロパトキンは、

「乃木軍こそが日本軍の主攻部隊である」

と正しく認識し、大兵力で乃木軍を撃滅すべく、三月五日午後十一時四十五分、ロシア軍正面から兵力を引き抜いて西部戦線へ集中し、乃木軍を横撃するよう命じた。だから勇猛果敢に猛進する乃木軍は、後続部隊の遅れのためしばしば敵中に孤立すると、その隙を

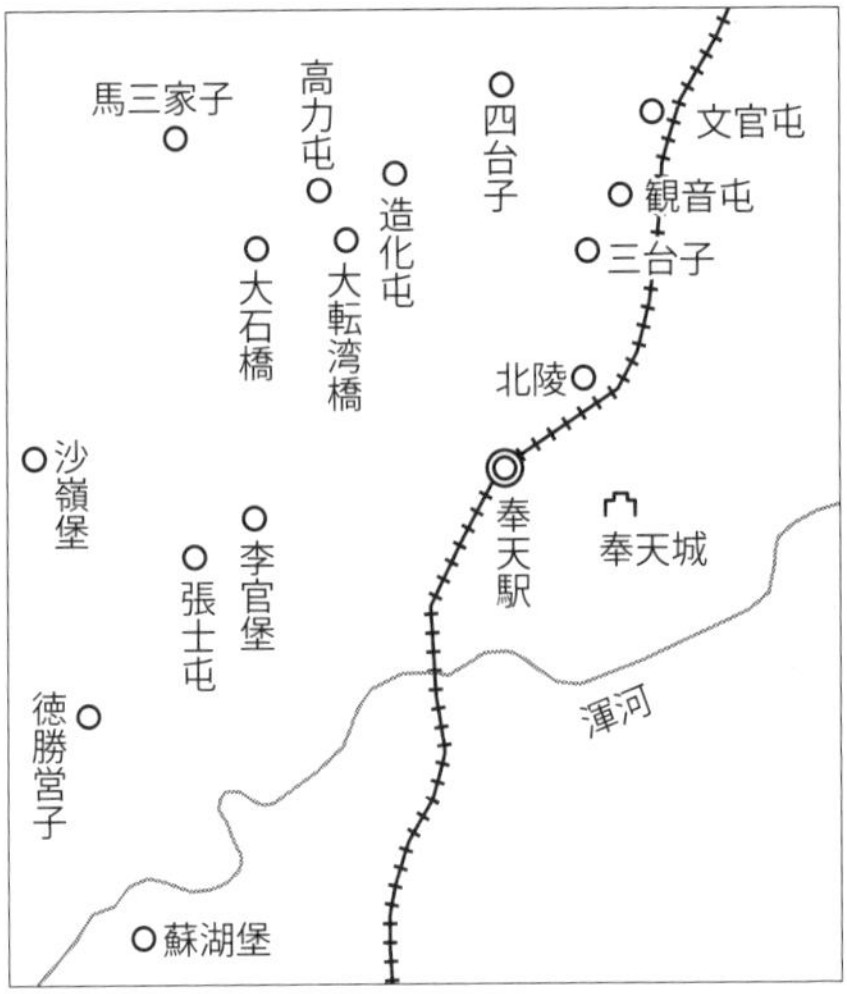

図10：奉天西方詳細図

クロパトキンのロシア軍大部隊に急襲されるようになり、たびたび壊滅の危機に瀕した。

鋭い錐の弱点は、伸びきった脇腹なのだ。

乃木軍は、三月六日未明、先鋒の東京第一師団が奉天手前十五キロの高力屯《こうりきとん》へ進出し、次鋒の旭川第七師団は大石橋《だいせっきょう》の東方三キロ地点へ進み、後詰めとなる金沢第九師団の大石橋到着を待ったが、この金沢第九師団の到着が遅れた。このため敵中に孤立した旭川第七師団は、ロシア軍部隊の強襲により大損害を受けた。これはロシア軍の本格的反攻の前兆だった。

この三月六日の夜、乃木大将は、奉天包囲のため、

「明日以降、東進し、奉天―鉄嶺《てつれい》の鉄道線路を遮断する」

と決断した。三月三日に作戦主任参謀・松川敏胤が定めた前述の奉天包囲作戦は、

「鴨緑江軍・黒木第一軍が右側から、乃木第三軍が左側から包囲する奉天両翼包囲」だったのだが、右翼の鴨緑江軍・黒木第一軍はさっぱり進撃できていなかった。

そこで乃木大将がみずから発奮して、

「左翼の乃木軍が、西方から回り込んで鉄道線路を遮断する奉天片翼包囲」へ、作戦を意欲的に発展させたのだ。

このことを理解したクロパトキンは、奉天―鉄嶺の鉄道線路を守るべく、

「ロシア軍正面から主力を引き抜き、乃木軍が迫る鉄道線路の西側へ大兵力を集中」させることにした。

かくして乃木軍とロシア軍は、鉄道線路の攻防を巡って、大激突する。


この頃、当初は正面攻撃隊だった奥第二軍は、正面攻撃をあきらめて乃木第三軍の「後詰め」へ転換し、乃木第三軍に後続していた。しかし奥第二軍の進軍は遅れがちだった。

乃木第三軍に後続する奥第二軍は、三月七日午前十時頃、クロパトキンの派出したロシア軍大部隊に襲われ壊滅的打撃を受けた。そこで先行する乃木軍は再び敵中に孤立した。

この日、雲霞のごとき敵中へ単独で猛進する乃木軍は、さらなる苦難に直面した。

乃木軍先鋒の東京第一師団は、午後二時頃に四台子《したいし》（奉天北方十三キロ）の手前へ進出

したが、後続の金沢第九師団がロシア軍の猛烈な砲撃を受けて造化屯《ぞうかとん》（四台子の南西五キロ）で停滞しているので、敵中に孤立することを避けるべく前進停止した。しかし、なお金沢第九師団の造化屯への攻撃は停滞し、後続の旭川第七師団は前がつかえて出発できなかった。

総参謀長・児玉源太郎としては、クリーンアップの主力打者である野津第四軍・奥第二軍・黒木第一軍がさっぱり打てないのだから、乃木第三軍に頑張ってもらうしかない。野津道貫・奥保鞏・黒木為楨も戊辰戦争以来の歴戦の猛将かつ名将であり、児玉源太郎よりはるかに格上である。彼らが、

「敵が強すぎて前進できない」

と言う以上、ほとんど実戦経験のない軍官僚の児玉源太郎ごときが、彼らに、

「勇気を奮《ふる》って前進せよ」

とはとても言えない。

だから児玉は、乃木に頼るほかない。そこで児玉は、乃木軍に無理を要求した。

児玉源太郎は、乃木軍による西方からの〝奉天片翼包囲〟を熱願し、午後三時三十分、乃木軍参謀長・松永正敏《まつながまさとし》少将（小泉正保の後任）を電話口へ呼び出し、

「何をグズついておるかッ！　乃木に猛進を伝えよッ！　軍司令部も前へ出よッ！」

と、どやしつけた。これは児玉源太郎の乃木に対する甘えである。

本来なら児玉は乃木に、

「誠にご無理なお願いでございますが、わが軍主力の野津道貫・奥保鞏・黒木為楨のクリーンアップが敵の名投手の好投に抑え込まれてさっぱり打てないので、ポテン・ヒット（凡打だが出塁できること）でもデッド・ボールでも何でもいいから出塁してください。いまや乃木君に頼むしかない苦境なんです。頼みまっせ。ほれ、このとおり」

というべき話なのだ。しかしこれが軍人の会話となると、

「何をグズついておるかッ！」

と、どやしつける表現形式となる。

児玉の乃木軍への叱責は適切であったか

乃木大将は、児玉源太郎の不満を知ると、まっしぐらに前線へ進出し、造化屯後方の小屋に乃木司令部を開設した。流れ弾が飛来し砲弾が至近で爆裂する危険な状況だったが、乃木大将の最前線への進出もあって、午後七時頃、金沢第九師団は造化屯を占領し、乃木軍は四台子・造化屯の線へ進出した。すると児玉源太郎は、乃木大将をさらに督戦するため午後八時二十分、総司令官・大山巌の名前を使って、乃木に、

「一、乃木第三軍の今日の運動は、すこぶる緩慢なるを覚ゆ。はなはだ遺憾とす。
二、奉天の敵を撃砕するは、乃木第三軍の攻撃、迅速・果敢によらずんばあらず。
三、貴官は、命令を厳格に実行せしめ、攻撃をなすべし」
との督戦電を発した。要するに、

「鴨緑江軍・黒木第一軍・野津第四軍とも動けないので、乃木第三軍が大迂回して戦局を打開すべきなのに、乃木第三軍の行動が緩慢なのは遺憾である」

という総司令官名での叱責である。日露戦争を通じてこのような叱責を受けたのは乃木大将だけであった。まるで「乃木大将は無能」と指弾しているようなものだ。

しかし、これはおかしなことである。

当初、満州軍総司令部は「奉天会戦では乃木軍に期待しない」と言っており、乃木軍はロシア軍を左へ誘引するオトリの脇役を要求されただけである。だから乃木第三軍は兵員も小銃も少なく、重砲も与えられなかった。

こうしたなか、乃木軍はオトリの役割を立派に果たした。それなのに正面の野津第四軍が、

「(ロシア軍の堅陣の前で)虱《しらみ》が獅子《しし》に食いついた如く、まったく戦果が挙がらない」

(『機密日露戦史』)

ので、作戦計画を〝中央突破〟から〝奉天両翼包囲〟へ変更した。それでも奉天を東側から包囲することを期待された鴨緑江軍・黒木第一軍がさっぱり進撃できないので、乃木大将が自発的に左翼の乃木軍が、奉天の西方からロシア軍の真後ろまで、ぐるりと進撃して奉天―鉄嶺の鉄道線路を遮断して、クロパトキンの退路を断つ〝奉天片翼包囲〟へ作戦を変更した。これは乃木大将の意欲的決断であり、乃木軍の苦渋の選択である。

すると児玉源太郎は、これを奇貨とし、乃木大将の自発的攻撃意欲にすっかり依存しきって、左翼の乃木軍だけに〝奉天片翼包囲〟という無理難題を押しつけたのだ。それにもかかわらず、

「乃木軍の運動が緩慢で、はなはだ遺憾」

と叱咤するのは、無茶苦茶な話である。

「オトリの役割を果たせ」

と言われ、敵の大軍を引き寄せて役目を果たし、ヤレヤレと思ったとたん、今度は、

「オトリの脇役から主攻部隊に転じ、引き寄せた敵の大軍を自分で撃破せよッ！　何をグズグズしておるのかッ！」

と叱責されても、それは過酷過ぎる無理難題である。この夜の乃木軍の実情は、

「兵力は著しく減少し、給養・睡眠の不足、寒気と労働の過大が著しく、軍隊の困憊《こんぱい》を来

たせり」（参謀本部編纂『明治卅七八年日露戦史』）

という状態だった。こうした状況下で乃木軍は、総司令官名での叱責を受けたのである。

奉天会戦では、右翼の鴨緑江軍・黒木第一軍も正面の野津第四軍もまったく戦果を挙げていない。乃木第三軍だけが死闘を繰り返し、その後を奥第二軍が追随しただけである。

本来なら、乃木第三軍に「奉天会戦の敢闘賞・殊勲賞」が授与されるべきである。

それなのに、満州軍総司令部が乃木軍に下したものは、軍人の名誉を最も毀損《きそん》する総司令官名での無能呼ばわりの叱責だった。そこで乃木軍の幕僚らの間で、

「乃木軍が苦戦しているのは、敵が優勢かつ頑強だからだ。乃木軍を督戦するなら、他の軍団にも積極行動をとらせて、乃木軍を支援すべきだ」

との強い憤懣《ふんまん》が噴出した。

しかし乃木大将は、ただひとり沈思黙考するだけだった。

そして乃木軍の将兵は、黙々と、苦難に耐えたのだ。

一方、クロパトキンは日本軍の作戦を正確に見抜き、乃木軍こそ日本軍の主攻兵力と判断した。

クロパトキンの判断は、まさしく正鵠《せいこく》を得たものである。

しかるに司馬遼太郎は、

「天運が日本側に微笑したのは、クロパトキンが総帥としての器量に欠けていたことである。クロパトキンは乃木軍を日本軍の主力と見誤ったのか、がらりと部署変えして乃木軍を相手に日露決戦のかたちをとったのである。

乃木軍としてはたまったものではなかった。（中略）乃木軍の北進は、しだいに惨憺たるものになった」（『坂の上の雲』「会戦」）

と述べた。これは司馬遼太郎が奉天会戦をまったく理解していなかったことを意味する。

関ヶ原合戦型での決戦

右翼の黒木第一軍が攻めておとせない高台嶺陣地も、正面の野津第四軍が攻めておとせない沙河堡・万宝山も、堅固に要塞化されていた。こういう状況下で乃木第三軍が鉄道線路遮断の意図をもって猛進したことは、慶長五（一六〇〇）年の天下分け目の関ヶ原合戦を思い起こさせる。

居城の佐和山城から出陣した石田三成は、慶長五年八月十日、岐阜の大垣城へ入った。徳川方諸将が八月二十四日に大垣城近郊へ集結して徳川家康《とくがわいえやす》の出馬を待つと、石田三成は宇喜多秀家《うきたひでいえ》・島津義弘・小西行長《こにしゆきなが》ら西軍主力を大垣城へ入れ、大垣城での決戦を企図した。城攻めとなれば、攻城側の徳川方の損害が大きい。

徳川家康は、九月十四日正午頃、大垣城近郊へ到着したが、城攻めを嫌い、

「関ヶ原を越えて、石田三成の居城佐和山城をおとし、大坂城へ入る」

との構えを見せた。

すると退路を断たれることを恐れた石田三成ら西軍は、九月十四日午後七時頃、要害堅固な大垣城を出て、関ヶ原へ移動。翌九月十五日、関ヶ原決戦の日を迎える。

家康は石田三成を要害堅固な大垣城からおびき出し、野戦へもち込んで勝利をおさめた。

奉天会戦では、高台嶺陣地・沙河堡・万宝山など堅固な要塞にこもるロシア軍主力を、乃木軍が奉天の西方へおびき出し、野戦でロシア軍を叩いた。

すなわち奉天会戦は、当初の白河城攻略型の〝中央突破〟から〝奉天両翼包囲〟を経て、乃木大将の自主的決断により〝乃木軍による左翼からの奉天片翼包囲〟へ三段階の変化をした。この奉天片翼包囲は、

「ロシア軍主力を堅固な要塞からおびき出し、乃木軍が野戦でロシア軍主力と雌雄を決する、関ヶ原合戦型」

の戦いだったといえる。

奉天会戦で、鉄道線路を遮断してロシア軍の退路を断つ構えを見せ、ロシア軍主力を野戦へおびき出して、激突した乃木軍は、関ヶ原の最前線で戦い、徳川勝利に貢献した福島《ふくしま》正則《まさのり》・黒田《くろだ》長政《ながまさ》・細川忠興《ほそかわただおき》ら先鋒武将のような多大な戦功を挙げたに等しい。

史談は正しく語り継がれなければならない。歴史が、面白おかしい講談話に換骨奪胎《かんこつだったい》されてはこまるのだ。

奉天会戦の日本軍勝利に、メッケル少佐の指導など、みじんも関係ない。

司馬遼太郎は、メッケルについて『歴史と風土』の「関ヶ原私観」で、

「メッケルは関ヶ原盆地へ入り、東西両軍の配備地図を見て『石田方の勝ち』と宣言し、『石田方が勝った』と言い張って聞かなかった」

との趣意を述べている。このようにメッケルはさしたる軍事指導力などもっておらず、舶来崇拝の日本軍高級将校に虚勢を張って尊大に振る舞ってみせただけなのだ。

司馬遼太郎は、やたらとメッケルに惚《ほ》れ込んで、

「メッケルの戦術が日露戦争の満州における野戦にどれほどの影響をあたえたか測りしれない」（『坂の上の雲』「あとがき六」）

と、ほめそやしている。が、しかし、これは史実に反するまったく見当違いの「恋は盲目」ともいうべき司馬遼太郎の思い込みにすぎない。

決着

ロシア軍、奉天東部と正面から撤退

三月八日未明、クロパトキンは乃木軍との最終決戦を企図し、東部戦線と正面から大兵力を引き抜いて西部戦線へ投入した。大垣城の石田三成が城を出て関ヶ原へ移動したようなものだ。大垣城が無人の城となったように、ロシア軍主力は東部と正面から撤退した。

撤退するロシア軍に追随して、無人となった大垣城へおそるおそる入城するように、右翼の黒木第一軍は八日未明から、正面の野津第四軍は夜明けからぞろぞろ前進した。かくして奉天会戦は乃木軍がロシア軍主力と野戦で雌雄を決する対決となり、黒木第一軍、野津第四軍とも開店休業となった。

奉天会戦で損害を顧みずロシア軍と激闘したのは乃木軍だけである。

乃木大将は、三月八日午前八時、配下の各師団に、

「最も猛烈果敢な攻撃をなすべし」

と命じ、昼頃、金沢第九師団は支援砲撃を背に八家子《はっかし》を占領。旭川第七師団は小韓屯《しょうかんとん》を攻撃したがロシア軍の激しい抵抗に前進停止。東京第一師団は鉄道線路西側の文官屯《ぶんかんとん》・観《かん》音屯《のんとん》・三台子《さんたいし》を目指したがロシア軍の砲火を浴び、午後零時五十分頃、前進停止した。

戦局が膠着した午後三時、児玉源太郎は、乃木大将に、

「(大山巌) 総司令官は、乃木第三軍の猛烈なる攻撃前進を希望せられあり」

と重ねて督戦した。児玉源太郎は、またもや、戦下手と笑われる乃木大将にのみ無理難題を押しつけたのだ。

乃木軍の幕僚の間では、乃木軍のみに督戦を重ねる総司令部へ不満をもらす声があがったが、乃木大将はそれを制して攻撃促進を命じた。しかし金沢第九師団は八家子の占領後の処理のため動けず。旭川第七師団は再び小韓屯を攻撃したが、吉田《よしだ》清一《せいいち》第十三旅団長が負傷し攻撃頓挫。東京第一師団は攻略目標を三台子に絞って夜襲したが攻略に失敗した。

東京第一師団の評定

クロパトキンは、三月九日、

「東部と正面から総予備軍五個師団を呼び寄せ、乃木軍三個師団を殲滅する」

とした。兵力を引き抜かれた東部と正面のロシア軍は撤退を続け、これに追随した黒木

第一軍と野津第四軍は、午前十時頃、渾河《こんが》の手前に到着して停止した。

いまなお、乃木軍はロシア軍主力と激闘している。

この三月九日、乃木軍は引き続き先鋒の東京第一師団が鉄道線路遮断に挑んだ。最先鋒・最北端という最も危険な最前線へ進出して文官屯を攻撃した東京第一師団の後備第一旅団は、午前八時三十分頃、躍進を続けて敵前八百メートルへ迫った。また東京第一師団の第二旅団が観音屯を、第一旅団が三台子を攻撃した。

前述のとおり後備兵は妻子持ちの者も多い年配の兵から構成された弱体な部隊で、作戦部隊としては期待されず、粗末な武器しか支給されず、後方警備など補完的役割を担っていた。しかし東京第一師団は度重なる激戦で精鋭の兵隊はほとんど戦死し兵力不足だったから、補欠の補欠ともいうべき後備第一旅団（東京第一師団所属）が、本来ならよりぬきの最精鋭部隊が担う先鋒となって、最も危険な最前線へ進出し、文官屯を攻撃したのだ。

一方、クロパトキンが東部と正面から引き抜いて派出したムイロフ中将麾下《きか》の総予備軍二・五個師団規模が、乃木軍先鋒の東京第一師団を殲滅すべく進撃し、正午頃、最先鋒・最北端に立ち文官屯を攻撃中の後備第一旅団を約五倍の大部隊で包囲した。すると恐怖にかられた後備第一旅団は全線にわたって壊乱し、後方の田義屯《たぎとん》へ敗走した。

ここで一つ思い出していただきたい。後備第一旅団の後備第十五連隊は、かつて二〇三高地攻防戦で本来なら最精鋭の現役部隊が担う先鋒を引き受け、苦戦の末二〇三高地の山頂西南部を占領したが加勢を得られず、ロシア兵の逆襲にあって全滅した。その後備第一旅団は、今回また乃木軍の最先鋒・最北端という最も危険で過酷な任務を担って雲霞のごときロシア軍の大軍に包囲され、戦力を消耗し尽くして崩壊したのだ。

この潰走《かいそう》は、隣接して観音屯を攻撃中の第二旅団に波及し、第二旅団も潰走。敵中深く突出した東京第一師団は崩壊の危機に陥ったが、田義屯の東京第一師団司令部が敗残兵を収容し、防御を固めて踏み止まった。

このことについて司馬遼太郎は、

「乃木軍の大潰乱と大敗走がおこなわれたのはこの第一師団においてである。これほどの大潰乱は日清戦争以来、日本陸軍においてはじめて発生したもので、その後ながく世間では公表を禁じられてきた。（中略）この潰乱敗走は、一個師団という大きな兵力単位でおこなわれたという点、未曾有のことであった。日本陸軍にあっては西南戦争の大阪鎮台が弱兵で、その後の兵制による大阪の第四師団がもっとも弱いとされ、東京の第一師団がこれに次ぐとされたが、日露戦争にあっては第四師団に問題はなく、第一師団がそれをやってしまった。（中略）乃木軍の第一師団の潰乱敗走という強烈な事実は、日露戦争における日本軍の攻撃力の終末をよく象徴している」（『坂の上の雲』「退却」）

と書いた。司馬遼太郎の評定によると日本陸軍十三個師団のうち最も弱い弱兵師団が東京第一師団との見立てである。

しかし司馬遼太郎のこの評定は大いなる間違いである。

関ヶ原決戦で最も激闘したのは、徳川方で最大動員数六千人を率いた福島正則隊と、西軍で最大動員数一万七千人を率いた宇喜多秀家隊である。このとき福島正則隊は、約三倍の宇喜多勢と戦った最も激しい戦闘で宇喜多勢の猛攻を受けて潰乱し、いっときは五百メートルも算《さん》を乱して逃げた。これをみて、

「大潰乱をやってしまった福島正則は、徳川方で最も弱い武将だった」

といったら、その見識不足は物笑いの種だ。もちろん主将家康は聡明であって、大潰乱をやってしまったにしても、福島正則を尾張清州二十四万石から安芸広島四十九万八千石へ加増して、その軍功を賞した。

その家康にしても、大坂夏の陣で真田《さなだ》隊に本陣を急襲されたとき、大金扇の馬印を伏せ、旗本ともども十キロ以上も逃げる無様な事態となった。家康の周囲を守る屈強な旗本らも真田の猛攻にたまらず逃げ散り、家康を守る側近の槍奉行だった大久保彦左衛門《おおくぼひこざえもん》ですら、自分が守るべき主君家康がどこへ逃げたか居場所がわからなくなった。家康の存在を示す

旗奉行の保坂金右衛門《ほさかきんえもん》と庄田三太夫《しょうださんだゆう》は討ち死に。近習・小姓も算を乱して逃げ散る大混乱となり、家康自身も一時は絶望して自刃を覚悟するほどだった。また若い頃の家康は三方ケ原《みかたがはら》で武田信玄《たけだしんげん》と戦って惨敗し、近習・旗本ともはぐれただ一騎となって浜松城へ逃げ帰ったとき、恐怖のあまり馬上で脱糞した、という。これが戦場なのだ。これらをみて、

「大潰乱をやってしまい馬上で脱糞した家康は、歴史上、最も弱い武将だった」

といったら、歴史についての無知をさらすことになる。しかし司馬遼太郎は、そのような主張を東京第一師団に対し行っているのである。

奉天城への入城

いずれにせよ敵将クロパトキンは、東京第一師団が潰乱したほぼ五時間後の三月九日午後五時三十分、ロシア軍全軍に鉄嶺への総退却を命じた。激戦に疲弊した乃木軍の惨状は痛ましいが、乃木軍の猛攻がこれからも続くなら乃木軍に奉天―鉄嶺の鉄道線路が遮断され、クロパトキンのロシア軍は退路を断たれるかもしれない。

児玉源太郎は、三月十日午前三時、乃木軍参謀長・松永正敏少将を電話口へ呼び出し、

「まだ（奉天―鉄嶺の）鉄道を遮断せぬのかッ！　何をしておるッ！」

と叱咤した。重ねて督戦を受けた乃木大将は配下の各師団に払暁攻撃を命じたが、乃木

軍は疲弊し戦力は限界に達していた。旭川第七師団は奉天駅の手前約三キロの北陵を攻撃したが、ロシア軍の激しい抵抗を受けて苦戦。東京第一師団も金沢第九師団も前進できなかった。鉄道線路へ迫った乃木軍は、線路の手前約五キロまで迫ったが、ロシア軍は頑強に抵抗して鉄道線路を守りきった。退却するロシア軍将兵を満載した列車が三十分ごとに北上して行ったが、乃木軍には鉄道線路を断ち切る余力は残っていなかった。

奉天城への入城は、三月十日午後五時頃、乃木第三軍に後続してきた奥第二軍の大阪第四師団が果たした。連日の激戦に疲弊しきった乃木軍は前面の敵を撃破できず、前日と同じく、文官屯―観音屯―三台子―北陵を結ぶ線の手前にとどまっていた。

そして満州軍総司令部機密作戦日誌は、「乃木第三軍の不敏活」を朱書《しゅしょ》にて論難した。しかし奉天占領は、左翼から迂回攻撃を行った乃木軍将兵が、不条理ともいうべき満州軍総司令部の度重なる督戦に耐えて、成し遂げたのだ。これを「不敏活」というなら「無理難題」という言葉は、いつ、使えばよいのか。

奉天ロシア軍を撃退する殊勲を挙げた東京第一師団は気《き》息《そく》奄《えん》々《えん》となり、あとから安全地帯を歩んできた大阪第四師団が奉天入城の栄誉をわがものにしたとしても、本来、この恩賞は先鋒をつとめて奉天会戦を勝利へ導いた東京第一師団が得るべきものではないか。敵将Aを倒した味方Bが重傷をおって動けなくなり、あとからきた味方Cが敵将Aの首を取った場合、これは「拾い首」であって、まともな戦目付が判定すれば、恩賞は、重傷をおって身動きできなくなった味方Bに与えるであろう。

少なくとも、これほどの犠牲を払って奉天会戦勝利を勝ち取った東京第一師団は、たとえ戦功を大阪第四師団に譲ったにしても、総司令官・総参謀長から督戦・叱責を受け、総司令部機密作戦日誌に「不敏活」と朱書にて論難されるいわれはない。

軍人にとって最も忌むべきことは戦死・戦傷ではなく、侮辱され名誉を汚されることである。しかるに最も戦功あった将兵が総司令官・総参謀長から督戦・叱責を受け、総司令部機密作戦日誌に不敏活と論難されて、事はそのまま済まされようはずはない。

地表から消えて地下へ浸み込んだ憤懣の情念は、地下で堆積し、やがて休火山が噴火するように爆発する。これが軍人・軍隊というものの本質なのだ。埋《うず》められ鎮《しず》められることなき怨念は、やがてわが国におおきな禍《わざわい》をもたらす。

とくに金州・南山戦、旅順の松樹山・二〇三高地攻防戦、奉天会戦と休む間もなく最大激戦地へ投入され、最も過酷な運命をになない最も激しく消耗した東京第一師団の青年将校の間で、戦死者を出して働き手を失った農家の筆舌に尽くし難い窮状と、陸軍統帥部に対する根深い不信が語り継がれた。そして昭和期に入ると、この伏流水は二・二六事件となって一気に奔出する。二・二六事件は、参謀幕僚に対する東京第一師団青年将校の憤懣・怨念がその基礎にある。

乃木大将の評定

日露戦争の勝利をもたらした乃木希典は戦上手とはいえない。戦下手といってもいい。しかし旅順攻略と奉天会戦勝利をもたらした乃木希典は、すくなくとも敢闘将・殊勲将とはいえるだろう。その隷下《れいか》の東京第一師団の兵隊の多くは関東平野の農民だ。

この東京第一師団は旅順の二〇三高地で、補欠の補欠ともいうべき後備連隊まで繰り出して全滅状態となるまで戦い、奉天会戦では後備連隊を先鋒に立てる苦肉の策で勝利をものにした。この勝利に、誰といって英雄はいない。上から下まで凡庸の団結の賜物だ。わが国の危急を救うのは、こういう凡庸の団結と献身しかないのではあるまいか。

最近の高校野球は全般的に技量が向上して番狂わせはあまり見ないが、一昔前の高校野球では感動的(?)な番狂わせがけっこう見られた。強豪チームに挑んだものの、期待のクリーンアップがまったく打てず敗色濃くなるなか、下積みの努力に報いるため打席に立った補欠選手N君の食らいついた一打が、内野とも外野ともつかぬあたりにポトンと落ちて、あわてる相手守備陣をよそに、走りに走ってホームインしたというような、どこの弱小チームにもあり、ＯＢ会などでくりかえし語り継がれる逸話だ。こういう席で、「補欠のＮ君は、練習試合で空振りばかりしていた野球下手だった」という者はいない。すなおにＮ君の殊勲打をたたえればよいではないか。練習熱心だが野球下手で、練習試合ではさっぱり芽が出なかった遅咲きのＮ君が、ようやく打撃に開眼したのが、たまたま敗色濃くなった最後の公式試合だった、かもしれない。

『坂の上の雲』は小説か、ノンフィクションか

司馬史観なる考え方が人口に膾炙《かいしゃ》し、多大な影響を及ぼしている。

司馬史観を批判すると、「歴史書でなく小説だ」と逃げられ、「小説にすぎない」と高をくくっていると、押し問答をくりかえしている間に、いつのまにか司馬史観が堂々と鎮座している。『坂の上の雲』は小説であり歴史書ではないから目くじらを立てなくてもよい、という意見もあるが、司馬史観としてもてはやされ、通俗小説の枠を超えて人々の深層心理に食い込んでいる以上、見逃すことはできまい。

そもそも『坂の上の雲』は小説なのか、ノンフィクションなのか。ここが問題だ。

司馬遼太郎自身が「フィクションであり娯楽小説である」と主張するなら、自身で、「この作品は実名を使っていますが、フィクションであり、事実とは関係ありません」

と公示すべきである。しかるに司馬遼太郎は『坂の上の雲』について、

「この作品は、小説であるかどうか、じつに疑わしい。ひとつは事実に拘束されることが百パーセントにちかいからであり、ひとつは、この作品の書き手―私のことだが―はどうにも小説にならない主題を選んでしまっている」（『坂の上の雲』「あとがき四」）

と述べ、事実にもとづいた作品であると主張しているのだ。

本当にそうであり、また司馬史観という言葉が普及している以上、『坂の上の雲』にウソは許されず、史実に反することがあれば歴史書としての批判を甘受しなければなるまい。

また司馬遼太郎は『坂の上の雲』の終盤において、

「日露戦争という、その終了までは民族的共同主観のなかではあきらかに祖国防衛戦争だった事態の中に存在しているため、戦争そのものを調べねばならなかった。とくに作戦指導という戦争の一側面ではあったが、もしその事に関する私の考え方に誤りがあるとすればこの小説の価値は皆無になる」（『坂の上の雲』「あとがき六」）

と述べた。それは当然のことである。これについての私の見解は、

「『坂の上の雲』には、基本的かつ重大なウソが数多く埋め込まれている」

ということに尽きる。

前述のとおり司馬遼太郎は、金州・南山戦で苦戦した東京第一師団の小原正恒大佐や進

藤長重大尉らの斃れゆく姿を、ロシア軍機関銃陣地から日本兵に銃の照準を当てて、「ロシア陣地の火網のなかに入ってくる」（『坂の上の雲』「陸軍」）と、ロシア側従軍作家の視点で描いた。さらに旅順攻防戦・奉天戦を勝利に導いた国民的名将・乃木希典を、ウソと欺瞞と捏造《ねつぞう》によって愚将とおとしめた司馬遼太郎は、はたして国民的作家といえるであろうか。

補章　史実から目をそらした司馬史観

ノモンハン事件の実相

ノモンハン事件の勃発

司馬遼太郎は、ノモンハン事件になみなみならぬこだわりを見せ、

「乃木・伊地知がノモンハンや昭和の破滅をもたらしたのだ」

と設定したのにノモンハンを書かなかったものだから、ノモンハンは宙に浮いてしまった。

しかしノモンハンの真実は解明されなければなるまい。

ノモンハン事件とは、昭和十四（一九三九）年に起こった、ソ連の保護国であるモンゴル人民共和国と日本の保護国である満州国の国境紛争である。ノモンハンにはハルハ河の東岸に広大な牧草地（東西二十キロ、南北七十キロ）があり、牧草地の東端にモンゴル人がオボーと呼ぶ水源基標があった。ソ連と日本は近代思想に基づき「ハルハ河が国境」と考えていたが、遊牧を生業《なりわい》とするモンゴル人は、

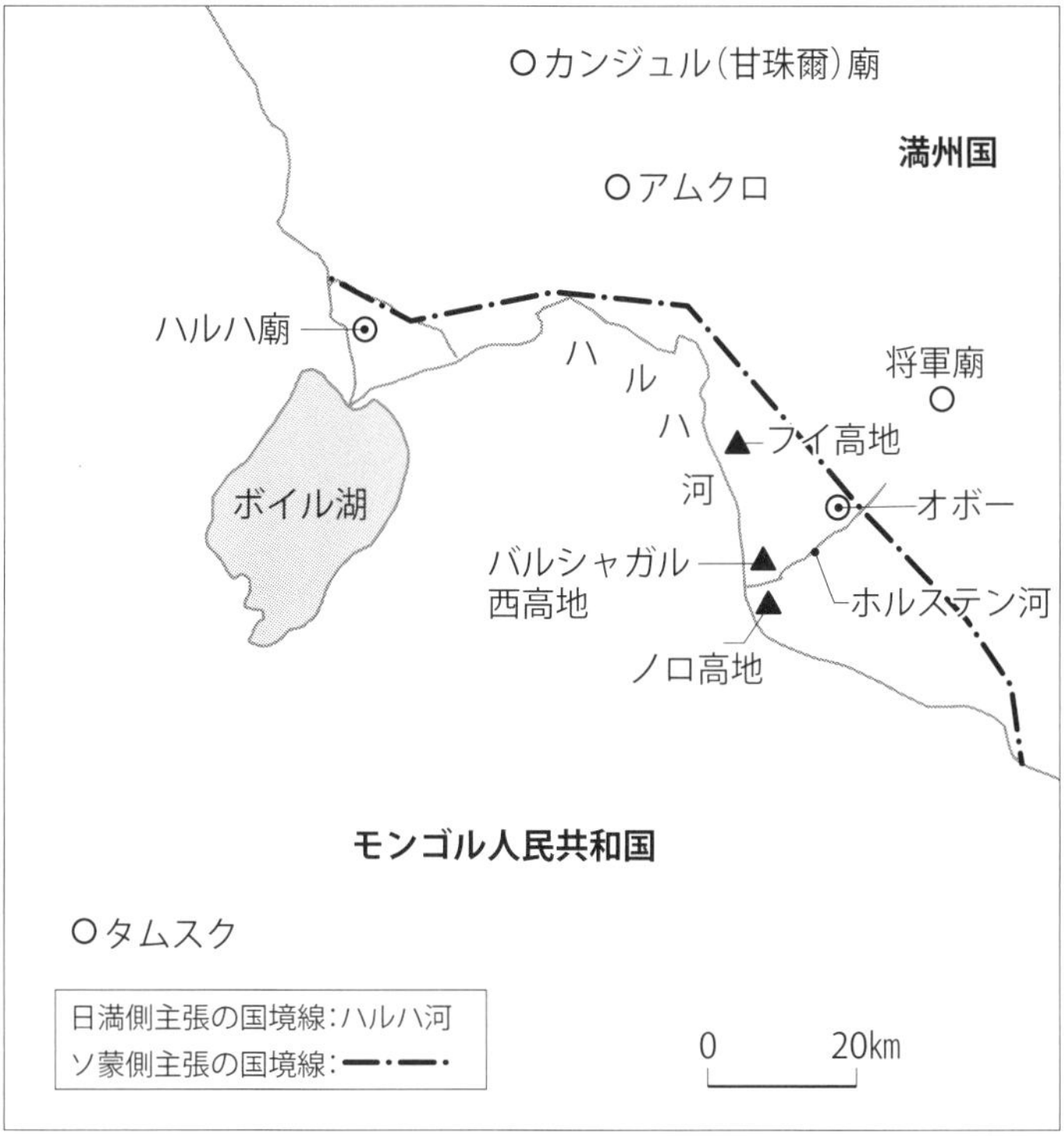

図 11：ノモンハンの戦闘要図

「オボーを水源とする牧草地は、モンゴル人のものである。国境はオボーである」と主張した。農耕民族は水争い（水利権を争うこと）をするが、遊牧民族は草争いをするのだ。そこで、ソ連がモンゴルの主張に基づき牧草地へ侵攻して戦闘になった（図11）。

ハルハ河東岸の牧草地で、昭和十四（一九三九）年五月十一日に満州国兵とモンゴル兵の小規模な交戦が生じた。通報を受けた第二十三師団司令部（所在地ハイラル）から騎兵装甲車隊三百十八人がノモンハンへ急行し、五月十五日にモンゴル兵を牧草地から追い払い、帰還した。

このときソ連・モンゴルの大軍がハルハ河西岸に集結していることが明らかになったので、第二十三師団長・小松原道太郎《こまつばらみちたろう》中将はソ連軍との一戦を覚悟し、五月二十一日、山県《やまがた》武光《たけみつ》大佐を指揮官とする山県支隊二千八十二人を派出した。しかしすでに戦車装備の有力なソ連軍部隊がハルハ河を渡り東岸の牧草地へ侵入・布陣していたので、苦戦した山県支隊は、五月三十一日、司令部から撤退命令を受けてハイラルへ戻った。

積極方針の関東軍、不拡大方針の陸軍中央

この頃すでに、関東軍作戦参謀・辻政信少佐が『満ソ国境紛争処理要綱』を起案し、関

東軍司令官・植田《うえだ》謙吉《けんきち》大将の決裁を得て関東軍に、

「ソ連軍が越境したら、即座に一撃を加え急襲殲滅する。ソ連軍を初動段階で徹底的に封殺することが必要であり、その際、ソ連領へ進入してもかまわない。ソ連の野望を粉砕するには出鼻をくじくことが最も肝要」

と昭和十四年四月二十五日に示達《じたつ》していた。

一方、東京の参謀本部作戦課は、五月末、『ノモンハン国境事件処理要綱』を作成し、

「関東軍を信頼してその処置を任せるが、敵に一撃を加えたあとはすみやかに後方へ撤退すべし。航空部隊を含む越境攻撃は事件の拡大を招きかねないので強く抑制せよ」

と不拡大方針を定めた。

関東軍の積極方針と陸軍中央の不拡大方針は対立していたのだ。

ソ連軍指揮官フェクレンコは軟弱姿勢を批判されて解任され、六月十二日に就任した猛将ジューコフは精鋭三個師団、戦車五百両以上、航空機五百機以上を投入する積極攻勢を企図。山県支隊がハイラルへ帰還すると、ソ連軍は東岸の牧草地へ続々と侵入して強固な陣地を築き、ソ連軍爆撃機が牧草地を越えて満州国領内のアムクロやカンジュル廟《びょう》を爆撃し、六月十九日にはカンジュル廟に集積していたガソリン五百缶を炎上させた。

これに激怒した小松原道太郎第二十三師団長がソ連膺懲《ようちょう》を主張すると、辻政信が、

「ノモンハンを放置すれば、ソ連軍は我が軟弱態度に乗じ大規模攻勢をかけてくる」

と同意し、六月二十日、ソ連軍を攻撃することとした。このとき服部卓四郎と辻政信は、

「ソ連・モンゴル連合の兵力は一個師団、戦車百五十～二百両、飛行機百五十機、火砲二十～三十門にすぎない。第二十三師団の出撃は『牛刀ヲモッテ鶏ヲ割クニヒトシイ』もので、鎧袖《がいしゅう》一触は確実。関東軍が出撃する前にソ連軍が退却し、取り逃がしたら困る」

と、ソ連軍を著しく過小評価した空想的楽観主義の大妄想にもとづき豪語した。この関東軍の強硬な対応が、ノモンハン事件の紛争拡大かつ大敗の原因となる。

このころ関東軍の最強の決戦兵力である第七師団（所在地チチハル）の師団長・園部和《そのべわ》一郎《いちろう》中将は、部下で第二十六連隊長の須見新一郎大佐に、

「ソ連軍は大敵で装備優良しかも充分に準備している。一方、わが軍は兵力少なく装備劣悪のうえ敵を軽侮し準備不充分である。急いでは失敗するぞ」

と警告し、辻政信・服部卓四郎ら関東軍作戦参謀の机上の空論を批判していた。

東京では六月二十一日の参謀本部・陸軍省首脳会議で陸軍省軍事課長の岩畔豪雄《いわくろひでお》大佐が、

「事態が拡大した場合、その収拾に確固たる成算も実力もない。たいして意味もない国境紛争に大兵力を投じ貴重な犠牲を生じる用兵に反対」（『戦史叢書　関東軍〈1〉』）

と主張し、不拡大方針を再確認した。

一方、モスクワ駐在武官の土居明夫《どいあきお》大佐はソ連軍の増強を懸念し、昭和十四（一九三九）年六月上旬、シベリア鉄道を利用して帰国の途につき、車中から機甲部隊二個師団・重砲八十門など大部隊がソ満国境へ送られているようすを見て、六月二十日頃、まず関東軍司令部で、

「ソ連軍は優良装備師団を送っている。わが軍は撤退して妥協することも考慮すべき」

と慎重論を述べた。すると辻政信少佐は、土居明夫大佐を別室へ呼び込み、

「土居さん。あんな弱音を吐くようでは貴方の命は危うい。青年将校がいきり立って殺すと言っている。我々はソ連戦車をぶんどって戦勝祝賀会を開く準備をしているのだ」

と鼻息荒く脅迫した。これに激怒した土居明夫大佐は、辻政信少佐を、

「馬鹿野郎ッ！　火力の差を考えてみろ！　このままやったら負けるに決まっとるッ！」

と怒鳴りつけた。こののち土居明夫大佐は東京で閑院宮《かんいんのみや》参謀総長、山脇正隆《やまわきまさたか》陸軍次官、侍従武官長・畑俊六《はたしゅんろく》大将にこの話をしたが、東京ではすでに不拡大方針が決まっていた。

関東軍暴走の首謀者・辻政信

現地では、六月二十二日にソ連軍戦闘機百五十機の大編隊が越境攻撃を仕掛け、日本軍

戦闘機隊と激しい空戦になった。これに反発した関東軍は、六月二十三日、隷下の航空部隊に、

「敵の航空基地であるタムスクを爆撃せよ」(『関作命甲第一号』)

と下命した。

一方、不拡大方針の参謀本部・陸軍省など陸軍中央は関東軍に空爆を含むあらゆる越境攻撃を禁じていたから、六月二十四日付参謀次長電報で関東軍参謀長に、

「モンゴル領内への越境爆撃は事件の拡大を招く恐れがある。爆撃中止を求める」

と示達した。

しかし関東軍は参謀次長の中止要求を無視して六月二十七日にタムスクを爆撃。関東軍作戦課長・寺田《てらだ》雅雄《まさお》大佐が電話で参謀本部作戦課長・稲田《いなだ》正純《まさずみ》大佐に意気揚々と、

「ソ連機百四十九機を撃破する大戦果を挙げた」

と空襲成功を報告した。すると稲田大佐は関東軍の独断専行に激怒し、寺田大佐を、

「陸軍中央が爆撃中止を厳命しなかったのは、関東軍の面子を尊重し自発的に中止させようとした親心だッ！　しかるに中央の意向を無視した爆撃強行で信頼関係が崩れたッ！」

と激しく非難した。稲田と寺田は陸士二十九期の同期生だったから、気安さもあって、

「馬鹿ッ！　何が戦果だッ！」

「馬鹿とは何だッ！　余りにも無礼の一言ッ！」

と怒鳴りあい、陸軍中央と関東軍の対立は決定的となった。そして関東軍の辻政信は、

「関東軍の感情を踏みにじって何の参謀本部ぞ。関東軍と参謀本部は決定的に対立した」

と述べて、参謀本部に対し、

「北辺《ほくへん》ノ些事《さじ》ハ当軍（関東軍のこと）ニ依頼シテ安心セラレタシ」

と返電。以来、関東軍作戦参謀の辻政信らは陸軍中央の不拡大方針に従わなくなった。

参謀本部作戦課長の稲田正純大佐は、この頃になってようやく、

「関東軍を実質的に動かしているのは辻政信少佐である」

と気づいた。そこで参謀人事を所管する参謀本部庶務課長の岡田《おかだ》重一《しげかず》と陸軍省補任課長・額田坦《ぬかたひろし》に、不拡大方針に従わない辻政信更迭を要求したが、辻政信は陸軍最高指導部に強力なコネをもっていたから、これは実現しなかった。稲田正純がこれ以上、辻政信更迭にこだわれば、逆に稲田のほうが更迭される。これが組織原理というものなのだ。

ちなみに服部卓四郎も辻同様、陸軍最高指導部に強力なコネがあった。

後日談だが、ノモンハン事件が大敗に終わったあと、第六軍（関東軍と第二十三師団の間に八月四日に設置された中二階的な臨時の司令部）の司令官・荻洲立兵《おぎすりゅうへい》中将が人事当局に、

「軍紀を紊《みだ》す参謀がいる。辻政信だ。すぐ馘《くび》にしろッ！」

と激怒して要求し、陸軍省人事局長の野田謙吾《のだけんご》少将も、

「辻（政信）は予備役へ編入させねばならぬ」

とまで言った（『帝国陸軍の本質』）。しかし辻政信がもっていた陸軍最高指導部とのコネは極めて強力だったから、辻政信は失脚しなかった。

さらにこののちの太平洋戦争緒戦、シンガポール攻略戦のとき、山下奉文《やましたともゆき》（第二十五軍司令官）は辻政信（作戦主任参謀中佐）について、昭和十七（一九四二）年一月三日付の日記に左記のとおり記している。

「この男、我が強く、少才に長じ、いわゆる狡《こす》き男にして小人なり。使用上、注意すべき男なり」

ハルハ河渡河作戦の失敗

六月下旬になると、ソ連軍は本格的攻勢のため大兵力を集結し、兵力集中を秘匿するため警戒は一層厳重になり、偵察活動が困難になった。すると関東軍作戦参謀の辻政信は、

「ソ連軍の警戒が厳重になったのは、ソ連軍がわが関東軍の兵威に恐れをなし、大退却を行う事前準備である。ソ連・モンゴル軍に逃げられたら困る。とにかく急げ」

との大妄想にかられ、ただちにハルハ河渡河作戦を実行に移した。

ハルハ河渡河作戦とは、第二十三師団を主力として第七師団から須見新一郎連隊長の歩兵第二十六連隊を増援させたうえ、全軍を二分し、

「第二十六連隊を含む渡河攻撃隊七千人がハルハ河を渡河しモンゴル領へ侵入して退却準備中のソ連軍を殲滅し、このあと向きを変えてハルハ河を眼前に布陣する。東岸攻撃隊九千人に戦車第三連隊・戦車第四連隊を増派し、牧草地に進出しているソ連軍を攻撃すれば牧草地のソ連軍は算を乱しハルハ河を渡って逃散するから、ハルハ河の眼前に布陣する渡河攻撃隊七千人がこれを討ち取って全滅させ、わが軍の大勝利となる」

というものである。これは作戦の神様を自称する辻政信が「ソ連軍は退却の準備中」という大妄想を前提に立てた作戦なのだが、実際のところ「ソ連軍は本格攻勢のため兵力を増強中」であった。

そうとも知らず、ハルハ河渡河作戦は七月三日午前三時頃、実行に移された。工兵がハルハ河（河幅三十〜四十メートル）に並べた鉄船に木板を載せて幅二・五メートルの軍橋をつくり、渡河攻撃隊七千人が、順次、ハルハ河を越えて西岸のソ連軍を攻撃した。しかしソ連軍は本格的攻勢を準備中の戦車部隊が主力だったから、渡河攻撃隊は破甲爆雷・火炎瓶による肉薄攻撃に頼る苦戦に陥り、第二十三師団参謀長・大内《おおうち》孜《つとむ》大佐ほか三百余人が

戦死。同日午後四時頃退却命令が下り、渡河攻撃隊は軍橋を渡って退却し、七月五日午前五時頃に退却は完了した。

この間、西岸各所に分散した渡河攻撃隊はソ連戦車群の追撃を受けたので、須見新一郎の第二十六連隊が殿軍《しんがり》となって退却部隊を援護し、死傷者を収容して最後に軍橋を渡った。ハルハ河東岸の牧草地では戦車第三連隊・戦車第四連隊がソ連戦車と撃ちあって大損害となり、関東軍は虎の子の残存戦車を温存すべく、七月六日、戦車隊を撤収させた。

こうして、辻政信が立てた「ハルハ河渡河作戦」は大惨敗となった。このことについて敵将ジューコフは、

「日本軍の下士官・兵は頑強で勇敢であり、青年将校は狂信的な頑強さで戦うが、高級将校は無能である」

と、辻政信らの無能ぶりをスターリンに報告している。

一方、東京の参謀本部ではノモンハンの戦況視察を終えた作戦部長・橋本群《はしもとぐん》中将が七月八日に出仕。このとき自室で沈思《ちんし》していた橋本群は、かたわらの高山信武《たかやましのぶ》大尉に、

「ノモンハンの現状を視察し空からホロンバイルの大平原を展望したが、あのような大砂漠、不毛地帯を千メートルや二千メートル局地的に譲ったとしても、なんということもないだろうにネー」

と、語るともなくつぶやいた。

戦闘の終了

現地では七月七日〜十二日、歩兵主力に戻った第二十三師団はハルハ河東岸牧草地のソ連軍に夜襲を仕掛けたが、ソ連軍砲兵の砲撃を受け撃退された。そこで関東軍は火砲八十二門による砲兵団を編制し、七月二十三日、支援砲撃のもと日本歩兵が総攻撃を仕掛けたが、ソ連砲兵の猛砲撃を浴びて進撃停止。第二十三師団は度重なる敗北により兵力を減耗《げんもう》し、継戦能力を喪失して、手詰まり状態に陥った。

やむなく関東軍は、七月二十五日以降、持久防御の態勢に入り、ハルハ河東岸牧草地の最前線のフイ高地・バルシャガル西高地・ノロ高地を結ぶ前哨地域に約三十キロに及ぶ塹壕陣地を構築して、第二十三師団の残兵と須見新一郎の第二十六連隊を配備。司令部及び主力部隊はソ連軍の砲撃（十五センチカノン砲の射程三万メートル）を避けるべくオボー、将軍廟、カンジュル廟など牧草地の外へ退避し、守勢に入った。しかし最前線の日本軍部隊は、連日、絶え間ないソ連砲兵の砲撃を浴び、一日平均三〜四％の損害を重ねながら次第に衰弱していった。

かかるなか陸軍中央では、参謀次長・中島鉄蔵《なかじまてつぞう》中将が八月十九日、

「ノモンハン事件解決のため外交交渉を重視し、もし外交交渉不成立の場合、全兵力を係争地区（牧草地のこと）の外へ撤収すべし」

との方針を決定した。これは妥当な判断である。

しかしこれは本来、七月二十五日の時点で関東軍が立案すべきものであって、

「ハルハ河を国境とするが、牧草地におけるモンゴル遊牧民の草刈り権を容認する」

のが適切だっただろう。ノモンハンに金もダイヤモンドも石油も埋まっていないが、モンゴル遊牧民にとって生命の次に大切なものは、家畜に食《は》ませる牧草なのである。

ソ連軍の戦意は旺盛で、兵員五万七千人・戦車四百九十八両・装甲車三百八十五両・飛行機五百十五機など圧倒的優位を確保し、八月二十日に大攻勢を仕掛けると、孤立した最前線の日本軍塹壕陣地は各個に寸断・包囲され、フイ高地、バルシャガル西高地、ノロ高地とも全滅。ソ連軍はハルハ河東岸牧草地全域を占領し、戦闘は八月三十一日朝に終了した。

こういった経緯から明らかであるが、ノモンハンの元凶は乃木ではなく、メッケル軍学を学んだ辻政信であった。

太平洋戦争に見る日本戦車の戦闘力

戦闘不可の「チーズの戦車」？

本書の冒頭で述べたとおり、司馬遼太郎こと福田定一氏は戦車第一連隊に所属していたのだが、日本戦車はノモンハン事件でソ連戦車と撃ちあって大損害となった。司馬遼太郎は、

「自分が乗る戦車の防御力が乏しい」

ことが大きな精神的重圧だったらしく、左記のとおり、日本の国産戦車に凄まじい怨念を述べている。八九式戦車とは、昭和四年（神武暦二五八九年）に制式化され、神武暦の下二ケタをとって命名された国産戦車第一号のことである。

「（八九式戦車の）五七ミリの大砲は砲身がみじかすぎて敵に対する貫徹力がまったくなかった。それに鋼板が薄すぎ、敵の砲弾はどんどん貫いてくるのである。攻撃力も防御力もないというのは、戦車ではなくオモチャであった。（中略）試製車は小銃弾がやっとふ

せげる軟鋼板で、いわばチーズの戦車だった。ただ量産の段階で日本製鋼がちょうどニセコ鋼板というものを開発したからオモチャであることからまぬがれて実質上の戦車になった」（『司馬遼太郎が考えたこと6』「戦車・この憂鬱な乗物」）

しかしこれは日本戦車史を極端に自虐している。当時、国産の戦車をもっていた国はイギリス・フランス・ドイツ・アメリカ・ソ連・チェコスロバキア・スウェーデンの七カ国。日本は国産戦車をもつ八番目の国だった。輸入ではなく国産戦車をもつことは、自国内で修理をできるだけでなく、技術的な改造や新型戦車を開発する余地があるということである。

八九式軽戦車は満州事変（昭和六〔一九三一〕年九月～）に出動したとき、戦線で共闘した輸入のルノーNC軽戦車より優秀だった。その後、八九式中戦車（小規模改良による重量増加で名称変更）は日中戦争、ノモンハン事件、太平洋戦争初期まで日本陸軍の主力戦車として使用され、昭和十六（一九四一）年十二月からのフィリピン進攻作戦における戦車第七連隊の主力戦車としてアメリカ軍の歩兵・機関銃座・装甲車およびM2軽戦車を撃破した。その活躍により、日本軍はマニラ占領を達成したのである。

司馬遼太郎は、八九式中戦車の後継戦車である九七式戦車（略称チハ車）にも、

「（チハ車の）最大の欠陥は、戦争ができないことであった。敵の戦車に対する防御力も

攻撃力もないにひとしかった。（中略）同時期のどの国の戦車と戦車戦を演じてもかならず負ける戦車であった。（中略）戦車としては戦争のできない戦車だという、世界唯一の珍車であったことだけが残念だったような、（中略）あるいは昭和日本の精神と能力とアホラシサをあらわす象徴的存在ということで歴史的価値をもつような、そういうえたいの知れぬものなのである」（『司馬遼太郎が考えたこと6』「戦車・この憂鬱な乗物」）と罵詈雑言を投げつけ、実戦にまったく役に立たなかった戦車だったといっている。

マニラ市内を凱旋する八九式中戦車

八九式中戦車の旧式化が認識されるようになった昭和十二（一九三七）年、陸軍技術本部は三菱重工が完成した「チハ車」を九七式中戦車として制定し量産に入った。九七式中戦車は空冷ディーゼル・エンジンを搭載し懸架装置が優れるなど走行性能面で優れていたが、戦車砲は、従来同様、敵の機関銃陣地を突破する歩兵支援用という思想で制定され、八九式中戦車と同じ五七ミリ短身砲を採用したので、司馬のいうとおり、装甲貫徹力は乏しかった。

このため九七式中戦車はノモンハン事件で、八九式中

シンガポール市内を凱旋する
九七式中戦車短身砲装備（チハ車）

戦車ともどもソ連戦車の装甲を撃ち抜くことができず、四五ミリ長砲身のソ連戦車から壊滅的打撃を受けた。

しかしこののち九七式中戦車は太平洋戦争初期のマレー作戦に投入され、アメリカ製M３軽戦車に苦戦しつつ、歩兵支援の役割を担って敵の機関銃陣地・装甲車・砲兵陣地を蹂躙し、イギリス軍・オーストラリア軍を撃破してシンガポール攻略に活躍した。

九七式中戦車五七ミリ短身砲装備の攻撃力不足問題については、ノモンハン事件（～昭和十四〔一九三九〕年九月）ののち、五七ミリ短身砲を四七ミリ長身砲に替えて対戦車装甲貫通力を向上させた九七式中戦車改「新砲塔チハ」が昭和十七（一九四二）年四月から実戦に投入され、フィリピン戦線でアメリカ軍のM３軽戦車を撃破するなど優位を保った。しかし太平洋戦争末期になると、米軍のM４シャーマン中戦車の装甲を撃ち抜くことができず、ことごとく破壊された。これらを考えると、おそらく日本戦車の性能は世界第五位くらいだっただろう。

司馬遼太郎が述べた「戦争ができない世界唯一の珍車とされる戦車（チハ車）」とは、

九七式中戦車五七ミリ短身砲装備を指すらしい。しかし九七式中戦車五七ミリ短身砲装備は、前述のとおり、マレー作戦で日本歩兵を支援し、イギリス軍・オーストラリア軍を撃破して、昭和十七年二月にシンガポールを攻略している。

また司馬遼太郎が「オモチャでありチーズの戦車」と述べた八九式中戦車は、マニラを占領し、マッカーサー司令官が「アイ・シャル・リターン」と捨てゼリフを残して逃げ出す戦果を挙げた。

九七式中戦車改「新砲塔チハ」

こういう厳粛な歴史的事実を無視した司馬遼太郎の「オモチャでありチーズの戦車。戦争のできない世界唯一の珍車」という見解に、私は賛同できない。

ソ連軍の南樺太侵攻

現在語られるほとんどの太平洋戦争史は昭和二十（一九四五）年八月十五日の玉音放送で終了するから、このあと八月十六日〜九月三日に行われたソ連軍の南樺太・千島列島・北方四島への侵攻を知る人は少ない。

千島列島は明治八（一八七五）年の樺太・千島交換

条約で日本領になり、南樺太は明治三十八（一九〇五）年のポーツマス条約（日露戦争の講和条約）で日本領になった。だから現在の日本人が、

「帰れ、北方領土！」

と主張するのであれば、返還を要求すべきは昭和二十（一九四五）年八月十六日以降の戦闘でソ連が実効支配するようになった南樺太と千島列島と北方四島である（図12）。その返還が議論の場にのぼらないのなら、あえて日露領土交渉を行う必要はないだろう。


八月十五日に終戦となるや、ソ連軍を除く連合国軍は南西諸島以外の各地での戦闘行動を停止し、北海道・南樺太・千島列島の防衛にあたっていた第五方面軍（司令官・樋口《ひぐち》季一郎《きいちろう》中将）は隷下の各部隊に、

「十八日十六時の時点で停戦し日本側から軍使を派遣する。その場合、敵が戦闘をしかけてきたなら、自衛のための戦闘は妨げず」

と命じ、各部隊は軍旗奉焼、召集解除、現地除隊、大砲の撤去、兵器・弾薬の海中投棄など武装解除を進めていた。

しかし、ソ連軍は南樺太へ侵攻した。

ソ連軍三個大隊が艦砲射撃のもと八月十六日早朝に塔路《とうろ》（日本軍守備隊一個小隊が守っ

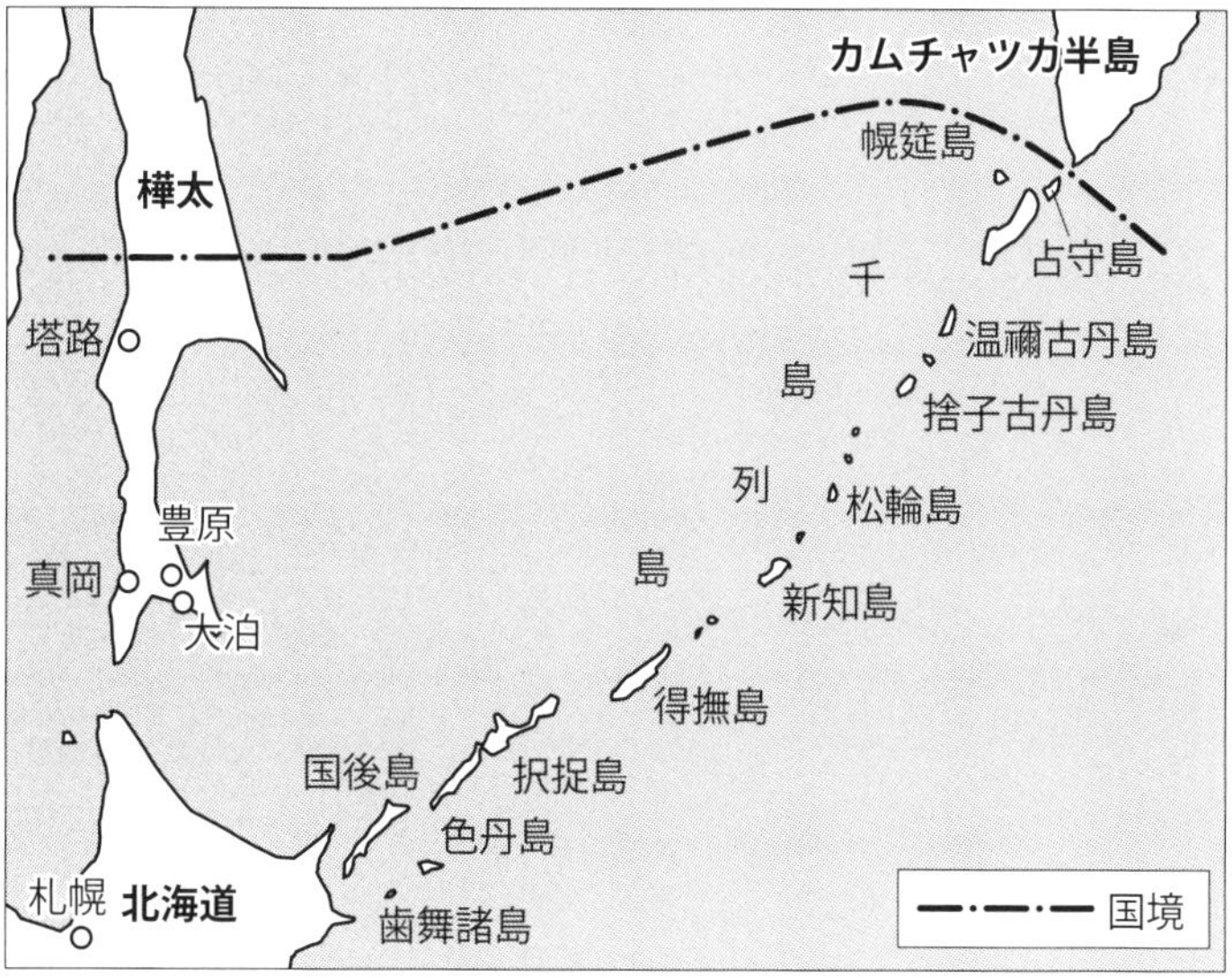

図 12：昭和 20 年 8 月 15 日時点の国境

ていた）へ上陸を開始すると、第五方面軍司令部は、

「ソ連軍は、南樺太を前進拠点として態勢を整え、北海道へ侵攻するのではないか」

と警戒し、南樺太防衛部隊に、

「自衛戦闘を継続し南樺太を死守すべし」

と命令した。なお塔路の日本軍守備隊は全滅した。

さらにソ連軍は、八月二十日午前六時頃（日本時間）、艦砲射撃のもと真岡《もおか》に上陸し、占領した。真岡を守備していた歩兵第二十五連隊はすでに軍旗を奉焼し召集解除していたので戦闘力はなく、真岡郵便電信局では勤務中の女性電話交換手九名が青酸カリなどで自決。このほかソ連兵の爆殺、銃殺により真岡局の殉職者は十九人にのぼった。また多くの民間人が海岸に連行されて銃殺された。

真岡を占領したソ連軍は樺太庁が置かれていた豊原へ進撃し、豊原は八月二十四日にソ連軍に占領された。

さらにソ連軍は八月二十五日に大泊を占領して南樺太の占領を終えると、北海道侵攻の前進基地として八月二十八日～九月三日に北方四島を占領した。

今日、日本政府は、

「ロシア（以前はソ連）が実効支配している南樺太は帰属未確定地域である」

と主張している。

千島列島・占守島の戦い

一方、千島列島ではソ連軍が、八月十五日終戦の三日後の八月十八日午前二時半、最北端の占守島《しむしゅとう》に艦砲射撃を行ったうえ上陸・侵攻した。報告を受けた樋口季一郎第五方面軍司令官は、占守島に駐屯していた戦車第十一連隊および独立歩兵第二八二大隊などに反撃を命じた。このとき戦車第十一連隊長・池田《いけだ》末男《すえお》大佐は隊員全員を集めて、

「我々は家郷に帰る日を胸にひたすら終戦業務に努めてきた。しかし事ここにいたった。そこで諸子に問う。赤穂浪士のように恥を忍んで将来に仇《かたき》を報ぜんとするものは一歩前へ出よ。あるいは会津白虎隊のように、玉砕をもって日本民族の防波堤となり後世の歴史に問わんとするものは手を挙げよ」

と述べた。すると隊員全員が、雄たけびとともに、手を挙げたのだ。九七式中戦車短身砲装備（通称チハ車）十九両、九七式中戦車改「新砲塔チハ」二十両、九五式軽戦車二十五両を擁した戦車第十一連隊（十一を士と読んで士魂《しこん》連隊と称された）は、池田末男連隊長車を先頭に十八日午前五時半頃からソ連軍に突撃した。

先頭を行く池田末男連隊長は、霧に覆われた戦場の起伏が多く、車内では視界が狭く全

軍の指揮をとれないため、砲塔から身を乗り出して指揮官旗を振り、島内に深く侵攻したソ連軍の群れのなかへ突入し、ソ連軍を撃退した。

さらに、武器らしい武器を持たず敵中に孤立して全滅寸前となった対空監視隊を救援すべく、先頭に立って進撃した池田末男連隊長車は、窪地に潜んでいたソ連兵の対戦車砲の狙撃を受けて炎上し、乗員全員が戦死した。

結局、戦車第十一連隊は二十七両が撃破され、連隊長以下九十六名の戦死者を出しながらも、ソ連軍を水際まで押し返した。

占守島を守り抜いた第十一連隊の戦車

樋口季一郎第五方面軍司令官は、十八日正午頃、

「予定どおり十八日十六時の時点で停戦する」

との姿勢を堅持し、日魯漁業占守島工場で働いていた女子従業員約四百人は二十二隻の船に分乗して十八日十六時三十分に島を離れ、五日後に根室港へ帰還した。占守島は、二十二日に停戦が成立し、二十三日にソ連軍の監視の下で武装解除された。

ソ連軍はその後も千島列島を次々と南下して、八月二十八日に択捉《えとろふ》島を、九月一日には国後島《くなしり》と色丹島《しこたん》を占領した。

ソ連軍の目的は南樺太・千島列島・北方四島を前進拠点として北海道へ侵攻することだった。しかし戦車第十一連隊など第五方面軍の抵抗が激しく、南樺太や占守島の占領に時間がかかったので、

「すみやかに北海道を占領して既成事実化することに失敗した。これ以上無理をすれば、国際社会から『ソ連は火事場泥棒のような侵略国家』と非難を浴びかねない」

と判断し、北海道への侵攻をあきらめた。

すなわち九七式中戦車短身砲装備（チハ車）や九七式中戦車改「新砲塔チハ」を駆使して戦った戦車第十一連隊らの勇戦が、ソ連の北海道占領を防ぎ、日魯漁業占守島工場の女子従業員約四百人を救ったのである。

占守島で孤軍奮闘して戦死し、ソ連軍の北海道占領を防いだ戦車第十一連隊長・池田末男大佐は、司馬遼太郎こと福田定一氏が満州四平の戦車学校で学んだときの校長代理である。

現在北海道に駐屯する陸上自衛隊第十一旅団第十一戦車大隊（所在地：北海道恵庭市）は、池田末男大佐の戦車第十一連隊の奮戦を顕彰するため「士魂戦車大隊」と称し、現在使用中の七四式戦車、九〇式戦車の砲塔側面に部隊マークとして「士魂」の二文字を描い

てその精神と伝統をいまなお継承している。

もし戦車第十一連隊の勇戦がなく北海道がソ連に占領されていたら、いまの我々は、

「帰れ、北方領土！」

どころか、

「帰れ、北海道！」

と叫ばなければならなかったであろう。戦車第十一連隊の九七式中戦車短身砲装備（チハ）や九七式中戦車改「新砲塔チハ」は、北海道防衛をになった殊勲の戦車なのだ。

私はここで司馬遼太郎に改めて問う。

「かつての教官池田末男大佐に率いられ、ソ連軍との激闘の末、ソ連の北海道占領を防ぎ日魯漁業女子従業員約四百人を救ったチハ車は、戦争ができない世界唯一の珍車であって、昭和日本の精神と能力とアホラシサをあらわす象徴的存在という歴史的価値をもつ、えたいの知れぬものなのだという貴殿の妄言を、それでも撤回する意思はないのですか？」

と。

主な参考文献

『この国のかたち』司馬遼太郎（文藝春秋）
『司馬遼太郎が考えたこと』司馬遼太郎（新潮社）
『帝国陸軍の本質』三根生久大（講談社）
『失敗の本質』村井友秀ほか（ダイヤモンド社）
『ノモンハンの夏』半藤一利（文藝春秋）
『はじめてのノモンハン事件』森山康平（ＰＨＰ研究所）
『ノモンハン戦争』田中克彦（岩波書店）
『明と暗のノモンハン戦史』秦　郁彦（ＰＨＰ研究所）
『ノモンハン事件の虚像と実像』岩城成幸（彩流社）
『参謀本部作戦課の大東亜戦争』高山信武（芙蓉書房出版）
『日本陸軍史百題』武岡淳彦（亜紀書房）
『坂の上の雲』司馬遼太郎（文藝春秋）
『日露戦争と日本人』鈴木荘一（かんき出版）

『司馬さんに嫌われた乃木・伊地知両将軍の無念を晴らす』西村正（高木書房）
『乃木希典と日露戦争の真実』桑原　嶽（ＰＨＰ研究所）
『日露戦争陸戦の研究』別宮暖朗（筑摩書房）
『明治卅七八年日露戦史』参謀本部（偕行社）
『日露戦争』児島　襄（文藝春秋）
『日本軍閥興亡史』松下芳男（芙蓉書房出版）
『肉弾』櫻井忠温（明元社）
『日露戦争の兵器』佐山二郎（光人社）
『世界史としての日露戦争』大江志乃夫（立風書房）
『機密日露戦史』谷　壽夫（原書房）
『日露陸戦新史』沼田多稼蔵（芙蓉書房出版）
『日露戦争名将伝』柘植久慶（ＰＨＰ研究所）
『日露戦争明治人物列伝』明治「時代と人物」研究会（徳間書店）
『鉄血』猪熊敬一郎（雄山閣）
『庶民のみた日清・日露戦争』大濱徹也（刀水書房）
『戦争論』クラウゼヴィッツ・篠田英雄訳（岩波書店）

『逆説の軍隊』戸部良一（中央公論社）
『戦国合戦事典』小和田哲男（ＰＨＰ研究所）
『武士道』紺野庫治（歴史春秋出版）
『歴史と風土』司馬遼太郎（文藝春秋）
『日本軍陸戦兵器総覧』太平洋戦争研究会（学研パブリッシング）
『北海道を守った占守島の戦い』上原　卓（祥伝社）

【画像】
◎８４ページ：長岡市河井継之助記念館
◎８４、１２１、２０３、２０４、２０５ページ：近現代フォトライブラリー
◎１００、１１６ページ：愛知大学国際中国学研究センター

著者略歴

1948年、東京に生まれる。近代史研究家。1971年東京大学経済学部卒業後、日本興業銀行にて審査、産業調査、融資、資金業務などに携わる。2001年日本興業銀行を退社し、以後歴史研究に専念、「幕末史を見直す会」代表として、活動している。
著書には『明治維新の正体』『政府に尋問の筋これあり』（以上、毎日ワンズ）、『日露戦争と日本人』『日本征服を狙ったアメリカのオレンジ計画と大正天皇』（以上、かんき出版）、『アメリカの罠に嵌まった太平洋戦争』（自由社）、『幕末会津藩　松平容保の慟哭』『幕末の天才　徳川慶喜の孤独』『それでも東條英機は太平洋戦争を選んだ』『陸軍の横暴と闘った西園寺公望の失意』『昭和の宰相　近衛文麿の悲劇』『雪の二・二六』『三島由紀夫と青年将校』『名将　山本五十六の絶望』（以上、勉誠出版）などがある。

名将《めいしょう》　乃木希典《のぎまれすけ》と帝国陸軍《ていこくりくぐん》の陥穽《かんせい》

二〇二一年三月六日　第一刷発行

著者　鈴木《すずき》荘一《そういち》
発行者　古屋信吾
発行所　株式会社さくら舎　http://www.sakurasha.com
東京都千代田区富士見一-二-一一　〒一〇二-〇〇七一
電話　営業　〇三-五二一一-六五三三　FAX　〇三-五二一一-六四八一
編集　〇三-五二一一-六四八〇　振替　〇〇一九〇-八-四〇二〇六〇
装丁　村橋雅之
本文デザイン・組版　株式会社システムタンク（白石知美）
印刷・製本　中央精版印刷株式会社

ISBN978-4-86581-287-9